Christian Lassen

Indische Altertumskunde

Christian Lassen

Indische Altertumskunde

ISBN/EAN: 9783742811738

Hergestellt in Europa, USA, Kanada, Australien, Japan

Cover: Foto ©Thomas Meinert / pixelio.de

Manufactured and distributed by brebook publishing software
(www.brebook.com)

Christian Lassen

Indische Altertumskunde

INDISCHE

ALTERTHUMSKUNDE

VON

CHRISTIAN LASSEN,

ORDENTLICHEM PROFESSOR DER ALTINDISCHEN SPRACHE UND LITTERATUR
AN DER KÖNIGLICH PREUSSISCHEN FRIEDRICH-WILHELMS-UNIVERSITÄT
ZU BONN.

ANHANG
ZUM III. UND IV. BANDE.

GESCHICHTE DES CHINESISCHEN UND DES ARABISCHEN WISSENS
VON INDIEN.

LEIPZIG.

VERLAG VON L. A. KITTLER.

MDCCCLXII.

LONDON.

WILLIAMS & NORGATE.

Vorwort.

Die Mittheilungen der Chinesen und Araber von Indien ergänzen in mehreren Punkten die einheimischen Quellen und die Zusammenstellung und die Erläuterung derselben bilden einen passenden Anhang zum dritten und vierten Bande meiner Indischen Alterthumskunde. Wenn einige der Arabischen Schriftsteller, denen wir diese Nachrichten verdanken, später gelebt haben, als die ersten Anfänge der Muselmännischen Unterwerfung Indischer Länder sich zutrugen, so haben sie theils manches aus den Schriften ihrer Vorgänger geschöpft, theils bilden beide Klassen dieser Nachrichten von Indien ein zusammengehöriges Ganzes, so dass die Bearbeitung derselben nicht füglich von einander getrennt werden kann. Es kommt noch die Erwägung hinzu, dass ich dadurch der Verpflichtung entgehe, später auf diesen Gegenstand zurückzukommen.

Bonn, den 15. September 1862.

Der Verfasser.

Uebersicht des Inhalts.

Geschichte des Chinesischen Wissens von Indien.

Was die Chinesischen Schriftsteller von Indischen Dingen melden, läßt sich passend in vier Theile zerlegen. Der erste handelt von der Geographie und den Erzeugnissen der Indischen Länder; der zweite von den Sitten, Gebräuchen und Kenntnissen der Bewohner, der dritte von der Religion und der vierte endlich von der politischen Geschichte. Der letzte Theil liefer sehr erwünschte Ergänzungen der einheimischen historischen Quellen und kommt besonders der Geschichte *Kaçmira's*, *Kapiça's*, der spätern *Gupta*, *Nepāla's*, *Kāmarūpa's* oder des vordern *Asam's*, der *Hallabhi*-Monarchen und *Malajakūṭa's* oder *Malabar's* zu Hülfe und ist schon früher bei passenden Gelegenheiten benutzt worden [1]. Diese Bemerkung gilt auch von den Nachrichten der Chinesischen Schriftsteller von der Religion der Inder. Was die geographischen und naturhistorischen Mittheilungen der Chinesischen Schriftsteller betrifft, so verdanken wir besonders dem *Hiuen Thsang* eine ziemlich vollständige topographische und zum Theil naturhistorische Beschreibung der von ihm selbst besuchten oder nur nach Hörensagen beschriebenen Indischen Länder des größten Theiles von Hindusthân und von dem Dekhan desjenigen Theiles, welcher an der Koromandelküste von *Dravida* und an der Malabarküste von *Konkana* begrenzt wird; von dem von ihm nicht bereisten Malajakūṭa oder Malabar im engern Sinne dieses Namens erstat-

---

[1] Sieh oben II, S. 765 fg.; III, S. 407 fg., S. 513 fg., S. 672 fg., S. 657 fg., S. 773 fg. und IV, S. 257 fg.

tet er uns ausserdem einen ziemlich genauen Bericht [1]). Da ich
den religionsgeschichtlichen Theil der Reiseberichte des *Fohien*
und des *Hiuen Thsang* früher erläutert und die Beschreibungen Indischer Länder von dem zweiten den Lesern vorgelegt habe [2]),
da ohnehin die Wiederholung dieser Nachrichten einen zu grofsen
Raum einnehmen würde und dieselben im Allgemeinen nur sonst
bekannte Thatsachen darbieten, werde ich mich damit begnügen,
aus dem von den Sitten, Gebräuchen und Kenntnissen der Inder
handelnden Theile der Chinesischen Nachrichten von Indien die
wichtigsten Mittheilungen meinen Lesern vorzulegen [3]).

Hiuen Thsang schickt seiner Beschreibung Indiens einen kurzen allgemeinen Bericht von Indischen Dingen voraus, der einerseits zwar beweist, wie genau dieser wissbegierige Pilger Indien
in jeder Beziehung erforscht hat, andererseits jedoch grösten-

---

1) Sieh oben IV, S. 257 flg.

2) Sieh oben IV, S. 640 flg. und S. 602 flg. Von den von *Hiuen Thsang* beschriebenen Indischen Gebieten habe ich seine Beschreibungen der folgenden den Lesern vorgelegt: von *Kasmîrpa* III, S. 457 flg., von den von
den *Balabhi*-Königen beherrschten Ländern ebend. S. 52 flg., von *Gurgara*
ebend. S. 544 flg., von *Sindhu* ebend. S. 599 flg., von *Tschin* ebend. S.
652 flg., von *Kanjâkubya* ebend. S. 672 flg., von *Nepâla* ebend. S. 774 flg.,
von *Mâlava* ebend. S. 834 flg., von *Kopiça* ebend. S. 880 flg., von *Ka-
pûdra* ebend. S. 990 flg., von *Orissa* IV, S. 1 flg., von *Andhra* ebend. S. 14 flg.,
von *Drâvida* ebend. S. 704 und von *Malajakûta* ebend. S. 757.

3) Der Bericht *Ma-tu-an-lin*'s von Indien ist von STANISLAS JULIEN übersetzt
worden im *Journ. Asiatique* IV. *Série*, X, p. 87 ff. unter: *Notices des pays et
des peuples étrangers, tirées des géographies et des annales chinoises*. V.
THIAN TCAN, *Inde*. Eine vollständige Zusammenstellung aller in Chinesischen Schriften erhaltenen Nachrichten von Indien giebt die oben IV, S. 884
Note 3 angeführte Abhandlung von G. PAUTHIER. Seine Uebersetzung leidet
jedoch an vielen Fehlern, wie STANISLAS JULIEN dargethan hat in folgenden Schriftstücken: *Examen critique de quelques pages de Chinois rela-
tives à l'Inde, traduites par M. G. Pauthier etc.*, Paris 1841; *Exercices
pratiques d'Analyse, de Syntaxe et de Lexicographie Chinoises, Paris* 1842, und
*Simple Exposé d'un fait honorable, odieusement dénaturé dans un libelle récent
de M. G. Pauthier*, 1842. G. PAUTHIER hat diese Anstellungen zu wider-
legen versucht in folgenden Flugschriften: *Réponse à l'examen critique de
M. STANISLAS JULIEN etc.*, *Paris* 1842 und *Vindiciæ Sinicae. Dernière
Réponse à M. STANISLAS JULIEN etc.*, *Paris* 1842. Da STANISLAS JULIEN
anerkannt der gründlichste jetzt lebende Kenner der Chinesischen Sprache
ist, wird man es natürlich finden, dafs ich hier nur mit der grösten Vor-
sicht die in Rede stehenden Mittheilungen zu Halbe ziehen werde.

theils nur Bekanntes darbietet. Dieser Bericht verdient deshalb nicht ganz hier wiederholt zu werden, sondern nur solche Stellen desselben, welche Beiträge zu genauerer Bekanntschaft mit Indischen Dingen liefern[1]). Bei meiner Auslese aus ihm werde ich in der Weise verfahren, daſs ich zuerst die Kenntnisse der Inder und die diese enthaltenden Schriften, dann die auf die Gebräuche bei den Indern sich beziehenden und schliefslich die die Sitten der Inder betreffenden Stellen behandeln werde.

Es muſs uns befremden, daſs *Hiuen Thsang* berichtet, daſs die Brahmanen fünf Jâna anerkennen, weil dieses Wort bei den Buddhisten die *Mahâjâna*- und *Hinajâna-Sûtra*, d. h. die *Sûtra* des grofsen und des kleinen Fuhrwerks, bezeichnet[2]). Ebenso befremdend ist es, dafs dieser kenntnifsreiche Mann statt des *Rigveda* etc. unter *Veda* den *Âjurveda* bezeichnet, der von der Heilkunst handelt und sonst zu den vier *Upaveda* oder *Nebenveda* gerechnet wird. Es kommt hinzu, dafs er unter den fünf Wissenschaften auch die *Kikitsâ* aufführt, welcher Titel Wissenschaft der Medizin bedeutet, nach *Hiuen Thsang* enthält die so betitelte Schrift magische Formeln und die geheimen Wissenschaften. Zur Heilkunst gehört nur die Kenntnifs des medizinischen Steins, etwa der Lancette, der Nadel, durch welche Contrapuncturen bewerkstelligt werden, und der Heilkräuter[3]).

---

1) Er findet sich *Hiuen Thsang* II, p. 50 flg. und bildet den Anfang des zweiten Buches. Er war früher von G. Pauthier a. a. O. im *Journ. As.* III. Série, VIII, p. 445 flg. unter der Aufschrift *Considérations Générales sur l'Inde* übersetzt.

2) Sieh über diese Benennung oben II, S. 8 flg. Nach der Note 1 von Stanislas Julien a. a. O. p. 13 giebt es nach einem Chinesischen Wörterbuche fünf Arten von Jâna-Schriften, nämlich 1) der *Buddha*, 2) der *Bodhisattva*, 3) der *Pratjeka-Buddha*, d. h. solcher *Buddha*, die nicht zum Heile der ganzen Menschheit, sondern nur ihrer selbst willen diese höchste Würde zu erlangen sich bestreben; 4) der *Çrâvaka*, d. h. der Zuhörer und Anhänger *Buddha's*; 5) der *reinen Menschen*. Der Grund dieser Erweiterung des Begriffs dieses Titels ist, dafs alle jene Wesen durch derartige Schriften die höchste Bahn wandeln und dadurch das *nirvâna* erlangen können.

3) Die vier übrigen *vidjâ* sind nach p. 73 1) *Çabdavidjâ*, Kenntnifs der Wörter, in ihr wird der Sinn derselben und ihre Ableitung gelehrt; sie umfafst daher Lexicographie und Grammatik oder *Nirukta* und *Vjâkarana*, welche von den Brahmanen zu den sechs *Veddnga* gezählt werden; 2) *Çi-*

1*

Anziehender sind die Angaben des Chinesischen Pilgers von den Längenmafsen und der Zeiteintheilung der Inder, weil diese einen neuen sehr schlagenden Beweis für die Spitzfindigkeit darbieten, welche die Inder bei Eintheilungen an den Tag legen.

Bei der Beschreibung Vorderindiens, welches Land er bekanntlich in ein inneres, östliches, südliches, westliches und nördliches eintheilt und von dessen siebenzig sogenannten Königreichen viele nur Provinzen grösserer Reiche gewesen sein können, giebt er die folgenden Bestimmungen der Längenmafse an[1]).

Seit der alten Zeit der heiligen Könige gilt *jogana* als die Strecke, welche eine Armee in einem Tage auf ihrem Marsche zurücklegte; nach alten Ueberlieferungen beträgt seine Länge 40 *li* oder etwa 2 geogr. Meilen; nach der in den Indischen Reichen geltenden Ansicht hat es die Länge von 30 *li* oder $1\frac{1}{2}$ geogr. M. und die heiligen Bücher der *Bauddha* beschränken das *jogana* auf 20 *li* oder eine geogr. Meile[2]). Ein *jogana* wird in 8 *kroça* eingetheilt; dieses Mafs bezeichnet die Entfernung, bis zu welcher das Brüllen eines Ochsen laut hörbar ist, — eine etwas ungenügende Bestimmung, weil nicht alle Ochsen gleich laut brüllen und nicht alle Menschen gleich gut hören[3]). Ein *kroça*

---

parâstravidjâ oder Kenntnifs der Architektur, die nach der Ansicht der Brahmanen (sieh oben IV, S. 877) zu den *Upaveda* gehört; 3) *Hetuvidjâ*, d. h. Wissenschaft der Gründe oder Logik; 4) *Adhjâtmavidjâ*, d. h. Wissenschaft des höchsten Geistes oder Metaphysik. Von dem *Atharvaveda* liefert *Hiuen Thsang* eine ziemlich richtige Beschreibung, indem er sagt, dafs er auch Formeln und die Wissenschaft der Medizin enthalte; es kommen in ihm bekanntlich Beschwörungen gegen Krankheiten vor; dagegen irrt er, wenn er meldet, dafs der *Sâmaveda* auch von der Kriegskunst handele; nach den Brahmanen heifst dieser *Upaveda Dhanurveda*, eigentlich *Bogenkunde.*

1) *Hiuen Thsang* II, p. 59 fig. Ueber diese Eintheilung Vorderindiens sieh oben III, S. 678 fig.

2) Diese letzte Bestimmung kommt der des *Árjabhatta* ziemlich nahe, welcher nach oben II, S. 1138 fig. $9\frac{1}{2}$ *jogana* einem Grade des gröfsten Kreises gleichsetzt, d. h. 15 geogr. M.

3) *Kroça* ist von *kruç*, rufen, abgeleitet und bezeichnet deshalb eigentlich: *Rufweite.* Nach der Zusammenstellung in O. Boethlingk's und R. Roth's *Sanskrit-Wörterbuch* finden sich noch folgende Bestimmungen des *kroça:* = 2000 *danda* = 8000 *hasta* = $\frac{1}{4}$ *jogana* oder = 1000 *danda* 4000 *hasta* = $\frac{1}{8}$ *jogana*. *Hasta* bezeichnet die Länge von dem Ellbogen bis zur Spitze des Mittelfingers; nach den eben angeführten Angaben enthält ein

wird in 500 *dhanus*, Bogen, getheilt, dieser in 4 *hasta* oder Ellen; diese enthält 24 *anguliparva* oder Fingergelenke, deren jedes aus 7 Körnern von *java* oder Gerste besteht. Dann folgt als kleineres Mafs: *jüka*, Laus; *lixd*, Ei einer Laus; *rütâjanaraga*, d. h. so feiner Staub, wie er nur durch ein kleines Loch dringen kann; *goluma*, Haar einer Kuh; *aviloma*, Haar eines Schafes; *çaçaloma*, Haar eines Hasen. Das noch kleinere durch *Kupferwasser* im Chinesischen bezeichnete Mafs ist unklar[1]).

Von diesem Mafse aus gelangt man zum feinen Staube, *anu*, welcher siebenfach getheilt zu *paramânu*, d. h. der allerfeinste Staub, wird; weiter läsat sich diese spitzfindige Eintheilung nicht durchführen, weil man dann zu *çûnja*, der Leere, gelangen würde[2]).

Nicht weniger spitzfündig ist die Eintheilung der Zeit[3]). Der kürzeste Zeitraum heifst *raṇa*, der Augenblick; 120 *raṇu* bilden ein *taxaṇa*, wenn das Wort so im Sanskrit lautete, 60 *taxaṇa* geben einen *lava*, welcher Ausdruck sonst eine Kleinigkeit bezeichnet; wir würden ihn durch Minute wiedergeben. Der *muhûrta* oder die Indische Stunde enthält 30 *lava* und fünf *muhûrta* bilden einen *kâla* oder Theil des Tages; sechs solche endlich ein *ahorâtra* oder

---

daṇḍa 4 oder 5 *hasta*; die letzte Bestimmung findet sich allein bei WILSON u. d. W. *daṇḍa* bedeutet Stock.

1) STANISLAS JULIEN giebt es, jedoch mit Recht zweifelnd, durch *tóuróqa* wieder, vielleicht wäre *tâmravindu*, Kupfertropfen, richtiger.

2) STANISLAS JULIEN theilt a. a. O. p. 60 in der Note aus Chinesischen Wörterbüchern eine andere ebenso spitzfündige Eintheilung mit: 1) *aṇu*; 2) 7 *aṇu* = 1 *truṭi*, welches Wort sonst einen Viertel-Ton bedeutet, 3) 7 *truṭi* = 1 *vâtâjanaraga*; 4) 1 *rütâjanaraga* = 7 *çaçaraga* oder Staubkörner auf einem Haare eines Hasen; 5) 7 *çaçaraga* = 1 *edaraga*; *eda* bedeutet Schaf; 6) 7 *edaraga* = 1 *goraga*; 7) 7 *goraga* = 1 *lixd*; 8) 7 *lixd* = 1 *sarshapa* oder Senfkorne; 9) 7 *sarshapa* = 1 *java*; 10) 7 *java* · Körner = 1 *anguliparva*; 11) 12 *anguliparva* = 1 *vitasti*, Spanne der Hand; 12) 2 *vitasti* = 1 *hasta*; 13) 4 *hasta* = 1 *dhanus*; 14) 1000 *dhanus* = 1 *kroça*; 15) 4 *kroça* = 1 *jogana*.

3) *Hiuen Thsang* II, p. 61 flg. *Xaṇa* ist durch Abwerfung des anlautenden *a* aus *axan*, Auge, entstellt. *Taxaṇa* ist zweifelhaft, weil das Wort sonst Hobanen und ein Werkzeug zum Hobanen bedeutet. *Kâla* ist hier im engern Sinne zu nehmen; es findet sich nach O. BOEHTLINGK's und R. ROTH's *Sanskrit-Wörterbuch* u. d. W. auch in Indischen Schriften in der Bedeutung des sechsten Theiles eines Tages. Eine andere Eintheilung des Tages in sechs *jâna* war dem *Hiuen Thsang* unbekannt geblieben.

νυχθήμερον. Die weitern Eintheilungen des Monats in zwei *paxa* oder Hälften, den *çuklapaxa* d. h. die Zeit vom Neumonde bis zum Vollmonde und den *krishnapaxa* d. h. die Zeit von da bis zum nächsten Neumonde, des Jahres in zwölf Monate, in sechs Jahreszeiten und in zwei *ajana* benannte Hälften, nämlich das *daxinâjana* für die Zeit von der Sommersonnenwende bis zur Wintersonnenwende und das *udagajana* von da an bis zur Sommersonnenwende sind bekannt und brauchen hier nicht genauer angegeben zu werden.

Hiuen Thsang bestätigt auch in diesem kurzen allgemeinen Berichte, dafs die Inder sich damals einer gesetzlichen wohlgeordneten Regierung zu erfreuen hatten und dafs ihre Beherrscher eifrig dafür Sorge trugen, dafs ihre Beamten ihren Pflichten treu und durch ungehörige Rücksichten unbeirrt oblagen[1]). Er bezeugt ferner, dafs sowohl die Brahmanen als die Buddhistischen Geistlichen streng die Vorschriften der Disciplin beobachteten. Die Brahmanen zeichneten sich sehr durch ihre Reinlichkeit so wie durch ihre Bescheidenheit und Häuslichkeit aus[2]). Doch gab es unter ihnen bedeutende Verschiedenheiten in Bezug auf ihre Kleidung. Einige schmückten ihre Häupter mit Blumenkränzen und ihre Mützen mit Edelsteinen, trugen Armbänder, Ohrgehänge und Halsbänder, was freilich bei den vornehmen und reichen Indern eine alte Sitte war.

Von den *Kasten* meldet der Chinesische Pilger im Allgemeinen nichts, was wir nicht aus den einheimischen Schriften kennen lernen, nur von der niedrigsten der vier reinen Kasten, der .

---

1) *Hiuen Thsang* II, p. 81 flg. Er bemerkt p. 60, dafs alle Indischen Städte und Dörfer, ja sogar die Häuser so gebaut waren, dafs sie von Osten nach Westen gerichtet waren. Die Strafsen kreuzten sich in geraden Linien und auf den Märkten bildeten die mit Aushängeschildern versehenen Kramläden zwei Reihen. Die Schlächter, Fischer, Schauspieler, Scharfrichter und Strafsenreiniger mufsten aufserhalb der Städte wohnen. Es ist bekannt, dafs die Indischen Gesetzbücher ähnliche Bestimmungen hinsichtlich solcher Personen enthalten, welche niedrige Gewerbe treiben; nur in Beziehung auf die Schauspieler thun sie es nicht. Nach G. Pauthier im *Journ. As.* IV, *Série*, VIII, p. 467 würde *Hiuen Thsang* berichtet haben, dafs die Strafsen sich krümmten; aus den Kramläden auf den Marktplätzen hat er mit Fahnen und Gemälden geschmückte Pavillons gemacht und aus den Schauspielern theatralische Aufführungen.

2) *Hiuen Thsang* II. p. 76.

der *Çüdra*, erfahren wir eine Abweichung von den Gesetzbüchern, welche ihnen vorschreiben, die Diener der drei Kasten der *Dwiga*, der Zweimalgeborenen, zu sein[1]). Die *Vaiçja* beschränkten ihre Thätigkeit auf den Handel und ihre Gewinnsucht veranlaßte sie, nach allen Richtungen hin sich zu begeben. Die *Çüdra* waren Ackerbauer, widmeten alle ihre Kräfte diesem Geschäft und besorgten die Aussaaten und die Aernten.

Unter den von diesem kenntnißreichen Chinesen mitgetheilten Nachrichten von den *Gebräuchen* der Inder können nur zwei hier unsere Aufmerksamkeit in Anspruch nehmen, nämlich was er von den *Gottesurtheilen* und der *Behandlung der Verstorbenen* meldet[2]). Die Inder verdienen wegen ihrer Rechtlichkeit und Redlichkeit das größte Lob und ein Hauptmotiv ihres tugendhaften Benehmens gründet sich auf ihre Furcht vor den Strafen des nächsten Lebens. Wenn ein Angeklagter seine Schuld eingesteht, wird seine Bestrafung seinem Verbrechen angemessen bestimmt; läugnet er dagegen hartnäckig sein Vergehen oder sucht er es in einem weniger ungünstigen Lichte erscheinen zu lassen, nimmt das Gericht in solchen Fällen, wenn ein Urtheil durchaus gesprochen werden muß, zu vier Gottesurtheilen seine Zuflucht, nämlich durch *Wasser*, *Feuer*, *Wiegen* und *Gift*. Im ersten Falle wird der Angeschuldigte in einen Sack und ein Stein in einen zweiten gesteckt; beide Säcke werden sodann zusammengebunden und in eine tiefe Quelle geworfen. Wenn der Mensch versinkt und der Stein aus dem Wasser emportaucht, gilt jener als schuldig; taucht dagegen der Mensch empor und versinkt der Stein, wird der Angeklagte freigesprochen. Mit der *Feuerprobe* verhält es sich so. Es wird ein Stück Eisen glühend gemacht und der Angeklagte muß sich darauf setzen; er muß dann seine Fußsohlen und seine Handflächen auf das Eisen stellen und dieses mit seiner Zunge belecken. Ist der Angeklagte unschuldig, so leidet er durch diese Probe keine körperliche Verletzung; ist das Gegentheil der Fall, so werden jene Glieder durch das glühende Eisen versengt. Vor

---

1) Sieh oben 1, S. 818 und *Hiuen Thsang* II, p. 80. *Hiuen Thsang* bestätigt übrigens die von *Mas'ûdí* oben III, S. 010 überlieferte Angabe von der Bewaffnung der Elephanten mit Panzern, indem er p. 82 erwähnt, daß sie mit dicken Küraßen bedeckt und ihre Rüssel mit scharfen, spitzen Eisenstacheln versehen werden.

2) *Hiuen Thsang* II, p. 883.

einer solchen Probe sich scheuende Personen nehmen einen nicht
aufgeschlossenen Blumenkelch in ihre Hände und werfen diesen
in ein Feuer; ist der Angeklagte schuldlos, so öffnen sich die
Blumen, im entgegengesetzten Falle werden sie von der Flamme
geröstet. Das dritte Gottesurtheil hat diese Form. Der Angeklagte wird in die eine und ein Stein in die zweite Schale einer
Wage gelegt; wenn die Anklage falsch ist, sinkt der Mensch
abwärts, sonst der Stein; dieser muss eben so schwer wiegen wie
der Mensch. Die Probe durch Gift wird auf folgende Weise an-
gestellt. Einem Widder wird die rechte Seite aufgeschnitten;
es werden sodann mehrere Gifte auf solche Speisen gelegt, welche
der Angeklagte isst, und diese dann in die Oeffnung in der Seite
des Widders hineingelegt. Ist die Anklage begründet, so üben
die Gifte ihre gewöhnliche Wirkung aus und das Thier stirbt;
ist es dagegen nicht an dem, so verliert das Gift seine Kraft und
der Angeklagte wird freigesprochen.

Diese vier Formen der *parīxā* oder der *divja* werden auch
in den Indischen *dharmaçāstra* beschrieben, jedoch mit zum Theil
abweichenden Vorschriften über die Anwendung derselben, die hier
nicht genauer dargestellt zu werden brauchen[1]). Es möge nur bemerkt werden, daß die ersten Anfänge dieser Rechtsgebräuche
auf die nachvedische Zeit sich zurückführen lassen[2]), daß die

---

1) Sieh über diesen Gegenstand die Abhandlung von A. STENZLER in Z. der
D. M. G. IX, 661 flg. und *Çakuntalopadraṃa* III u. d. W. *parīxā*, wo die
neun Formen der Gottesurtheile aus dem Gesetzbuche des *Bṛhaspati* und
die verschiedenen Arten der Eidesleistung aus dem der *Nārada* aufgezählt
werden. Die neun Formen der *parīxā* sind diese: 1) *tulā* oder *dhaṭa*,
Wage; 2) *agni*, Feuer; 3) *udaka*, Wasser; 4) *viṣa*, Gift; 5) *kośa*, Weih-
wasser; 6) *taṇḍula*, Reiskörner; 7) *taptamāṣa*, die glühend gemachte
māṣa geheißene Goldmünze; 8) *phāla*, der Pflugschar und 9) *dharma-
dharma*, das Loos.

2) In der *Chāndogja-Upaniṣad* 16 in der F. RÖER'schen Ausgabe p. 465. Ein
des Diebstahls beschuldigter Mann muß eine glühende Axt angreifen:
wenn er sich verbrennt, ist er schuldig, wenn nicht, unschuldig. — Frühere Erwähnungen von Indischen Gottesurtheilen sind diese: von *Ktesias*,
sieh oben II, S. 649; dieses ist eine Wasserprobe; dann von *Bardesanes*,
sieh ebend. III, S. 364; auch dieses ist eine Wasserprobe. Ferner von
Fähien in *Udjāna*, ebend. II. S. 650; in diesem Falle geschah es durch
ein Gottränk. Die von *Salaimān* oben S. 970 beschriebenen *parīxā* sind
Feuerproben.

pariçd bei *Manu* als eine Verschärfung des Eides erscheinen und
erst später in unmittelbare Beziehung zur Erforschung der Schuld
oder Unschuld eines Angeklagten gesetzt worden sind.
Was die *Bestattung der Todten* betrifft, so berichtet *Hiuen
Thsang* davon folgende nähere Umstände [1]. Wenn ein Mann
stirbt, brechen die Verwandten in laute Klagen aus, zerreifsen
ihre Kleider, reifsen sich die Haare vom Kopfe und schlagen
mit ihren Händen auf ihre Stirnen und ihre Brüste. Ueber die
Form der Bekleidung der Leidtragenden und die Trauer der
Frauen ist nichts festgesetzt. Es giebt drei Arten der Todtenbestattung. Erstens wird der Leichnam verbrannt, zweitens wird
derselbe in einen tiefen Strom versenkt und drittens in einem
Walde den wilden Thieren preisgegeben. Von diesen drei Arten
ist die erste, wie man weifs, die gewöhnliche, die zweite steht
im Zusammenhange mit dem Glauben, dafs die Flüsse, vor allen
die *Ganga*, heilig sind und dafs durch diese Art der Bestattung
die Verstorbenen sicherer in den Himmel gelangen; die dritte
wird den rohen Urbewohnern angehört haben und nur ausnahmsweise bei Einsiedlern vorgekommen sein. Wenn ein Herrscher
aus diesem Leben scheidet, wird zuerst sein Nachfolger bestimmt,
damit dieser bei den Todtenopfern den Vorsitz führe. Die Angabe, dafs man in Indien einem Fürsten während seines Lebens
oft einen seinen Tugenden angemessenen Titel verleihe und nach
seinem Tode einen andern, ist eine Verwechselung mit dem in
China herkömmlichen Gebrauche, einem gestorbenen Kaiser einen
neuen Namen zu geben. In dem Hause eines Gestorbenen enthalten sich die Hinterbliebenen zuerst jeder Nahrung, nehmen
aber nachher ihre gewöhnliche Lebensweise wieder auf [2]. Alle
Personen, welche an den Todtengebräuchen Theil genommen,
werden als unrein betrachtet, bis sie sich aufserhalb der Stadt-
mauern gebadet haben. Personen, welche durch Alterschwäche,
unheilbare Krankheiten oder durch grofses Unglück des Lebens
überdrüssig geworden sind, nehmen Abschied von ihren Ver-

[1] *Hiuen Thsang* II, p. 87 fg.

[2] Es ist ein auffallender Irrthum, wenn *Hiuen Thsang* p. 88 berichtet, dafs
der Jahrestag der Gestorbenen nicht gefeiert werde, weil dieser, wie
sich unten ergeben wird, ein Haupttheil der *çrâddha* oder Todten-Cere-
monien ist.

wandten und Freunden bei einem deshalb veranstalteten Gast-
mahle und bestoigen unter dem Schalle von musikalischen Instru-
menten ein Ruderschiff; sie ertränken sich nachher in der *Gangâ*
und wähnen dadurch unter den Deva wiedergeboren zu worden;
unter zehn Gestorbenen wählte einer diese Todesart. Für die
verstorbenen Eltern sagen ihre Söhne Gebete her und danken
ihnen für ihre Wohlthaten; sie nehmen bei den Todtenopfern den
vornehmsten Platz ein und verrichten noch lange nach dem
Tode ihrer Eltern für sie Todtenopfer in der Ueberzeugung, dadurch das Heil ihrer Hingeschiedenen im jenseitigen Leben zu
sichern.

Abgesehen von dem Irrthume, dass der Jahrestag des Todes
eines Gestorbenen nicht gefeiert werde, entspricht die obige allerdings sehr kurze Beschreibung der für die Todten zu verrichten-
den Gebräuche der Wahrheit, wie die folgenden Bemerkungen
darthun werden. Nachdem sie nach der Verrichtung der ersten
Todtenopfer nach Hause zurückgekehrt sind, dürfen die nächsten
Verwandten in der Nacht keine Speisen kochen, sondern müssen
von solchen leben, welche sie gekauft oder sonst woher genommen haben[1]). Die eigentlichen *çrâddha* oder Opfer für die Ma-
nen beginnen, nachdem die nächsten Verwandten drei Tage für
ihn getrauert haben. Am nächsten Morgen nach dem Ablaufe
der Trauerzeit wird dem Verstorbenen ein Todtenopfer dargebracht, dieses wird in den zwölf folgenden Monaten wiederholt;
ferner am Ende des dritten, sechsten, neunten und zwölften *paza*
oder Hälfte eines Monats; der sechszehnte *çrâddha* wird *sapindana*
genannt, weil zu diesem Feste die nächsten Verwandten eingeladen werden[2]). Diese Gebräuche haben den Zweck zu verhin-

1) *Todtenbestattung der Brahmanen von* Max Müller im Anhange zur Z. der
D. M. G. IX, S. XVII. Diese Angabe ist dem *Grihyasûtra* des *Âçvalâyana*
IV, 1 entlehnt.

2) Colebrooke *On the religious ceremonies of the Hindus* in dessen *Misc. Essays*
I, p. 163 flg. u. S. 130 flg. Mit dem Namen *sapinda*, wie er in der Regel
geschrieben wird, werden die nächsten Verwandten bezeichnet, welche
von dem *pinda* genannten Opferkuchen essen; dieser besteht aus Fleisch,
Milch, Molken, Blumen und Mehl. Die *sapinda* sind: Sohn, Enkel und
Urenkel; Sohn der Tochter des väterlichen Grofsoheims; Bruder, Sohn
und Enkel des Bruders, endlich Sohn der Tochter des Urgrofsoheims. Es
versteht sich von selbst, dass, wenn mehrere Söhne u. s. w. da sind,
auch diese eingeladen werden.

dern, daſs die Seelen der Verstorbenen auf der Erde unter den
bösen Geistern herumwandern, und zu bewirken, daſs sie in den
Himmel gelangen. In mehreren Indischen Ländern wird die Verrichtung dieser Gebräuche nicht so lange verschoben und das
sapindana oder *sapinda* am zweiten oder dritten Tage nach der
Trauer begangen; die übrigen *crāddha* werden in solchen Fällen
zu den vorgeschriebenen Zeiten gefeiert, gelten jedoch allen gestorbenen Vorfahren gemeinschaftlich. Was endlich die Nachricht des Chinesischen Pilgers betrifft, daſs des Lebens über-
drüssige Personen in dem heiligen Flusse sich ersäufen, so bezeugen mehrere Europäische Reisende, daſs diese verabscheuungs-
würdige Sitte noch jetzt nicht aufgehört hat[1]).

Die Inder übertreffen alle morgenländischen Nationen in ihrer
Art, ihre Höflichkeit und ihre Ehrfurcht an den Tag zu legen,
und beobachten dabei folgende neun Regeln. Erstens richten sie
verbindliche Worte an andere Personen; zweitens neigen sie ihre
Häupter ehrfurchtsvoll vor ihnen; drittens erheben sie ihre Hände
und stellen sich zur Rechten anderer Personen; diese Handlung
wird im Sanskrit *pradaxinakarana* genannt; viertens falten sie die
Hände und neigen ihre Häupter bis zum Gürtel; fünftens beugen sie einen Augenblick ihre Kniee; sechstens bleiben sie längere Zeit in dieser Stellung; siebentens verneigen sich höfliche Inder zur Erde, welche sie mit ihren Händen und Knieen berühren; achtens beugen sie alle fünf vorderen Glieder des Körpers
zur Erde und neuntens werfen sie diese fünf Glieder auf die
Erde nieder[2]). Die tiefste Ehrenbezeugung ist die, daſs man
schon in der Ferne die Erde mit dem Kopfe berührt oder diesen
neigt, indem man zugleich sich auf die Hände stützt. In der
Nähe küſst man die Füſse der Personen, die man anzureden
wünscht. Jedes Mal, wenn ein Inder einen vornehmen Mann an-

---

1) Z. B. L. von Orlich in seiner *Reise in Ostindien* II, S. 268, wo er sagt,
daſs der Anblick der vom Strome (dem *Hugli*) getriebenen Leichname sehr
verderblich sei, indem diese zugleich auf das Auge und die Geruchsnerven
empfindlich einwirken.

2) Diese Handlung heiſst *pankanga* und besteht im Falten der beiden Hände,
dem Verbeugen der beiden Kniee und des Kopfes. Eine häufiger vorkom-
mende Ehrenbezeugung heiſst *ashtanga* und besteht in der Berührung der
Erde mit den beiden Händen, den beiden Ellenbogen, den beiden Knieen,
mit dem Kopfe und der Brust.

... seine Befehle zu empfangen, hebt er sein Kleid in die
H... und wirft sich auf die Kniee vor ihm nieder. Weise und
... te Männer, denen solche Begrüſsungen dargebracht wer-
d.., antworten mit wohlwollenden Worten, berühren entweder
sanft den Scheitel des Kopfes der gegenüberstehenden Personen
oder streichen den Rücken derselben sanft mit ihren Händen; sie
ertheilen ihnen sodann heilsame Rathschläge, um ihre Zuneigung
zu bezeugen. Ein *Çramaṇa*, welcher aus einer Stadt gegangen
ist und dem solche Ehrenbezeugungen dargeboten worden, be-
gnügt sich damit, wohlwollende Wünsche auszusprechen. Viele
Inder gehen noch weiter in ihren Ehrenbezeugungen, indem sie
von ihnen hochverehrte Männer ein oder mehrere Male rechts um-
wandeln, ja sogar noch öfter, wenn sie einen noch höhern Grad
von Ehrfurcht bezeugen wollen. Da dieser Gebrauch von dem
Rechtsumwandeln des Opferfeuers hergenommen ist, erhellt, daſs
diese Art von Ehrenbezeugung die allerhöchste sein muſste.

Geschichte des Arabischen Wissens von Indien.

Von den in dem vorliegenden Falle zu Rathe zu ziehenden
Arabischen Schriftstellern hat nur ein einziger eine Schrift hinterlassen, welche ausschlieſslich von Indischen Dingen handelt, die
früher benutzten Schriften des *Sulaimân* und des *Abû Zaid* berück-
sichtigen, wie wir gesehen haben, auch China. Jener Schriftsteller ist *Abû-l Rihan Muhammed* mit dem Beinamen *Albîrûnî*,
der wahrscheinlich auf seine Geburt in der *Birûn* genannten, am
Ufer des Indus gelegenen Stadt zu beziehen ist[1]). Er war sehr
wiſsbegierig und erwarb sich gründliche Kenntnisse in der Philosophie, der Mathematik, der Astronomie, der Chronologie und
der Medizin; er begleitete den *Mahmûd* von Ghazna auf seinen
Feldzügen nach Indien und drang mit ihm nach *Mathurd* und

---

1) REINAUD *Géographie d'Aboulf.* I, p. XCV fig. und desselben *Mémoire etc.
sur l'Inde* p. 29 fig.

Kanjâkubga vor; er kehrte später nach der Hauptstadt des Ghaznavidischen Reichs zurück, wo er 1039 starb. Er hat in Indien sich eine gründliche Kenntnifs der heiligen Sprache der Brahmanen und der Mathematik, Astronomie und Philosophie derselben verschafft und die dunkle *Jogafástra* betitelte Schrift des *Patangali* ins Arabische übertragen. Er ist der Verfasser von ziemlich vielen Werken; das eine hier in Betracht kommende führt den Titel: *Kitâb-al-âthâr albâkl min algharûn alkhâliban*, d. h. Buch der Ueberreste, die sich von alten Geschlechtern erhalten haben. Das zweite hier zu erwähnende Buch trägt zwar seinen Namen nicht, kann jedoch nur von ihm herrühren; es ist in Indien im Jahre 1031 verfafst und enthält eine Schilderung des damaligen Zustandes der Literatur und der Wissenschaften von diesem Lande. In ihm werden die wichtigsten philosophischen, astronomischen und schönwissenschaftlichen Schriften der Inder erwähnt; auch von den in Indien gebräuchlichen Epochen und Zyklen hat *Albîrûnî* genau gehandelt und seine geographischen Nachrichten besitzen vor denen seiner Landsleute den Vorzug, dafs die Entfernungen der Oertlichkeiten oft nach *farsang* oder Persischen Meilen angegeben sind; es wäre daher höchst wünschenswerth, dafs diese Schrift vollständig herausgegeben und übersetzt würde[1]).

Von den übrigen bei dieser Gelegenheit zu benutzenden Arabischen Schriftstellern ist Folgendes zu bemerken. *Abû-l-Hasan 'Alî ben Husain ben 'Alî al Mas'ûdi* hatte diesen Beinamen erhalten, weil er unter seinen Vorfahren einen Mekkaner Namens *Mas'ûd* zählte[2]). Er war in *Baghdâd* geboren; sein Geburtsjahr ist unbekannt, sein Todesjahr aber ist 956. Er bereiste aufser andern Ländern Indien und Ceylon in dem ersten Drittel des zehnten Jahrhunderts, ob auch den Indischen Archipel ist nicht sicher, jedoch nicht unwahrscheinlich. Sein einziges bisher übersetztes Work, *Murug-alzahab ra mahâldan-algauhar*, d. h. Goldwiesen und Edel-

1) Die jetzt sind nur zwei Stücke aus diesem wichtigen Werke von Reinaud in dessen *Fragments Arabes et Persans relatifs à l'Inde etc.* p. 70 flg. und p. 127 flg. herausgegeben.

2) Reinaud a. a. O. I, p. LXIV flg. und Gildemeister u. a. O. p. IV; über den Titel sieb oben III, S. 489 nebst Note 1. Der letzte Gelehrte hat a. a. O. p. 133 flg. und p. 1 flg. *Mas'ûdi's* Beschreibung Indiens herausgegeben und übersetzt; die Uebersetzung des ganzen Werkes von Sprenger kann ich nicht benutzen.

steinräschen, schrieb er im Jahre 92). Der *Sheikh Abù Ishârk* war in *Istakhr*, dem nachherigen Namen des alten Persepolis, geboren und wird deshalb *Al-Istakhri* geheißen[1]). Er unternahm seit etwa 951 große Reisen von Indien bis zum Atlantischen Ozean; seine Geographie, welche er *Kitâb-al-akâlim*, d. h. Buch der Klimate, nannte, ist herausgegeben und ins Englische und Deutsche übersetzt worden. Der Verfasser giebt die Entfernungen der Oerter von einander und ihre Breiten und Längen an, liefert jedoch nur wenige Beiträge zur genaueren Bekanntschaft mit den Erzeugnissen der von ihm beschriebenen Länder und den Sitten der Bewohner derselben. Seine Schrift ist die Grundlage zu der des *Abù-l Kâsim Muhammed ben Haukal* geworden, welcher, wie *Mas'ûdi*, in *Baghdâd* geboren war und im Jahre 976 sein *Kitâb-almasâlik va almamâlik*, d. h. Buch der Strafsen und der Reiche, niederschrieb[2]). Er hat aufser jenem Werke auch andere zu Rathe gezogen, jedoch nicht selbst Indien besucht.

Der bedeutendste Arabische Geograph des zwölften Jahrhunderts ist *Abù 'Abd-allah Muhammed*, welcher den Beinamen *Al-Idrisi* erhalten hat, weil er einer so heißenden vornehmen Familie in Malaga entsprossen war[3]). Er hatte sich der hohen Gunst des Normannischen Königs von Sicilien, des *Roger*, zu erfreuen und verfafste auf seinem Schlosse sein *Kitâb nashât-almushtâk*, d. h. *Erholung der Wissbegierigen*, betitelte Geographie, die er im Jahre 1154 vollendete[4]). Er benutzte fleifsig ziemlich

1) Reinaud a. a. O. p. LXXI flg. Die Titel des von J. M. Moeller herausgegebenen Textes und des Englischen von William Ouseley sind oben IV, S. 852 Note 1 mitgetheilt worden; die deutsche Uebersetzung von Momdtmann ist betitelt: *Buch der Länder* und erschien 1845.

2) Reinaud a. a. O. I, p. LXXII flg. und Gildemeister a. a. O. p. IV. Er hat ebend. p. 103 flg. und p. 20 flg. die von *Sind* handelnde Stelle des *Ibn-Haukal* herausgegeben und übersetzt.

3) Reinaud *Géogr. d'Aboulf.* I, p. CXIII flg.

4) Sieh oben IV, S. 913 Note 1. Den Titel seines Buches erläutert der Verfasser selbst dahin, dafs es bestimmt sei, die Wifsbegierde solcher Männer zu befriedigen, die wünschten, die verschiedenen Länder der Erde gründlich kennen zu lernen. Ein Auszug aus dieser Schrift, welcher die *Geographie des Nubiers* genannt wird, ist unter folgendem Titel herausgegeben worden: *Geographia Nubiensis, id est accuratissima totius orbis in septem climata divisi descriptio, continens praesertim exactam universae Asiae et Africae rerumque in eis hactenus cognitarum explicationem. Recens ex Arabico in La-*

viele ältere Werke über Geographie und liefert sehr erwünschte
Ergänzungen der älteren Geographen der Araber. *Idrisi* theilte
nach dem Vorgange des *Ptolemäos* die bewohnte Erde in sieben
Klimate ein und beschreibt nach dieser Eintheilung die Länder,
die er auf einer Karte darstellen liefs. *Kazvini* folgt ihm in dieser
Hinsicht. Von der Kosmographie desselben, d. h. des *Muhammed-
ben-Zakarja* mit dem Beinamen *Kazvini*, habe ich schon früher
gehandelt. Die ausführlichste und genaueste geographische De-
schreibung Vorderindiens verdanken wir dem berühmten Geschicht-
schreiber der Mongolen, dem *Raschid-eddin*, der 1318 hinge-
richtet ward und eine Geschichte Indiens unter dem Titel *Tarikht-
al-Sind va al-Hind*, d. h. *Geschichte Indiens und Sindk's* verfafst hat[1]).

Es bleiben nur noch zwei Arabische Schriftsteller übrig, deren bei dieser Gelegenheit Erwähnung geschehen mufs. Der erste
ist der auch durch mehrere historische Schriften bekannte *Abu-l-
fedà*, der zweite der viel gereiste *Ibn-Batùta*. Der erste stammte
von der Familie des durch seine siegreichen Kämpfe mit den
Kreuzfahrern berühmten Sultans *Salah-eddin* (*Saladin*) ab, der dem
Sohne seines älteren Bruders *Shâhinshâh*, dem *Fakhr-eddin 'Omar*,
Hamat und mehrere andere Syrische Städte als Lehen überliefs[2]).

*linam versa a GABRIELE SIONITA, Syriacarum et Arabicarum litterarum pro-
fessore et interprete Regio, et JOANNE HESRONITA, earumdem Regio interprete, Maronitis. Parisiis 1619, 4to.*

1) Sieh oben III, S. 491 und II. M. ELLIOT's *Biographical Index to the Histo-
rians of Mohammedan India* I, p. 16 flg. und p. 34 flg., wo die Abschnitte
aus diesem Werke mitgetheilt sind, in welchen die Gebirge und die Flüsse
Sindh's und Indiens nebst den Städten und den Bewohnern derselben beschrieben sind.

2) REINAUD *Géogr. d'Aboulféda* I, p. 11 flg. Der vollständige Titel dieser
Uebersetzung lautet: *Géographie d'Aboulféda, traduite de l'Arabe en Fran-
çais et accompagnée de notes et d'éclaircissements*. Par M. REINAUD, membré
de l'Institut etc. Tome I. *Introduction générale à la géographie des Orientaux avec des planches. Paris* MDCCCXLVII. Von der Uebersetzung,
deren Verfasser REINAUD ist, sind bis jetzt nur zwei Lieferungen erschienen. Der Text dieser Schrift war schon früher unter diesem Titel herausgegeben: *Géographie d'Aboulféda. Texte Arabe publié d'après les manuscrits
de Paris et de Layde aux frais de la Société Asiatique par* M. REINAUD,
membre de l'Institut de France et du conseil de la Société Asiatique, et le Ba-
ron MAC GUCKIN DE SLANE, membre du comité de la Société Asiatique. Paris
MDCCCXL. Das Indien behandelnde Kapitel dieses Werkes war schon

Dieses Gebiet ist das einzige, welches von den *Mamelukischen*
Sultanen Aegyptens ihren Fürsten gelassen ward. Der Vater
hiefs *'Alī* mit dem Beinamen *Mālik alafdhal*, d. h. vortrefflicher
Fürst, und *Nūr-eddīn*, d. h. Licht der Religion. *Abulfedā* wurde
1273 in Damaskus geboren, hiefs zuerst *Ismael* und erhielt später
den Namen *Imād-eddīn*, d. h. Säule der Religion; sein gewöhnlicher Name bedeutet *Vater der Erlösung*. Er erhielt eine vortreff-
liche Erziehung und zeichnete sich sehr durch seine Frömmig-
keit, seine Tugenden und Kenntnisse aus. Im Jahre 1312 gelang es ihm, die abhängige Herrschaft über Hamat und dessen
Gebiet zu erhalten, in deren Besitze er sich nicht ohne Mühe
bis zu seinem am 26. October 1331 erfolgten Tode behaupten
konnte. Die in dem Gebiet von Hamat regierenden Fürsten gehören der Dynastie der *Ajubiten* an. Die Geographie des *Abulfedā*
wurde im Jahre 1321 vollendet und ist betitelt *Takwīm-albuldān*,
d. h. berichtigte *Beschreibung der Länder*. Er zog die älteren
geographischen Schriften fleifsig zu Rathe; er theilt die Erde
nicht, wie *Idrisi*, nach den sieben Klimaten ein, sondern beschreibt in acht und zwanzig Kapiteln die einzelnen Länder, mit
Afrika beginnend. Den Schlufs des Werks bilden Tafeln, auf
denen aufser andern Angaben auch die Grade der Länge und der
Breite der Oerter verzeichnet sind.

Der letzte Arabische Schriftsteller, von dem ich hier zu handeln habe, heifst *Abū Abd-allah Muhammed* und wird gewöhnlicher
Ibn-Batūta genannt. Er war in Tanger an der Westküste Afrika's geboren, unternahm seit etwa dem Jahre 1325 bis 1349
weite Reisen und besuchte aufser andern Ländern auch Indien,
den Indischen Archipel und China; er kehrte dann nach seinem
Vaterlande heim und besuchte von Fes aus seit dem Jahre 1354
das innere Afrika bis nach Timbuktu; wann er gestorben sei, ist
unbekannt. Da ich schon früher den grofsen Werth seiner Reisebeschreibung hervorgehoben habe[1]), kann ich mich hier damit

früher von GILDEMEISTER u. a. O. p. 172 fg. und p. 31 fg. herausgegeben
und übersetzt worden.

1) Sieh oben S. 058 und sonst REINAUD *Géogr. d'Aboulféda* 1, p. CLVI fg. und
die Vorrede von DEFRÉMERY u. SANGUINETTI zu ihrer Ausgabe 1, p. III fg.
Diese Ausgabe, deren Titel oben S. 889 Note 1 angegeben ist und in vier
Bänden *Paris* 1853, 1854, 1855 und 1857 erschienen ist, stützt sich auf
früher unbekannte vollständigere Handschriften, welche bei der Eroberung

hegnügen, zu bemerken, dafs der Titel dieser Reisebeschreibung *Tohfat-al-nudhdhâr fi gharâjib-al-amçâr va agdjib-al-asfâr, d. h. den Beobachtern dargebotenes Geschenk, welches von den Merkwürdigkeiten der Völker und der Städte und den auf Reisen beobachteten Wundern handelt,* lautet.

Alle diese oben bezeichneten Arabischen Schriften hieten zwei Eigenthümlichkeiten dar, durch welche ihre Brauchbarkeit für die Erweiterung unserer Bekanntschaft mit der Geographie der Indischen Länder sehr beeinträchtigt wird. Die eine ist die, dafs ihre Nachrichten mit höchst seltenen Ausnahmen topographischer Art sind oder mit andern Worten, dafs ihre Urheber in der Regel auf die politische Geographie keine Rücksicht nehmen. Dieses thut zwar auch meistens *Ptolemaios* nicht; allein er setzt uns durch die Erwähnung der Metropolen in den Stand, diese Lücke zu ergänzen[1]). Ich habe daher kein Dedenken getragen, sämmtliche uns von den Aloxandrinischen Geographen überlieferten Indischen geographischen Namen in mein Duch aufzunehmen. Umgekehrt theilt der Chinesische Pilger *Hiuen Thsang* überall die Namen der Iudischen Länder, oder nach seiner Bezeichnungsweise Königreiche mit, und bestimmt in einigen Fällen, welche von denselben dem Zepter eines einzigen Herrschers unterworfen waren[2]). Da die einheimischen Quellen uns über diesen Gegen-

---

von Constantine erbeutet worden und vollständiger sind, als die von Sa-nori Lee benutzte, deren Uebersetzung diesen Titel hat: *The Travels of Ibn Batúta; translated from the abridged Arabic Manuscript copies, preserved in the public Library of Cambridge, with Notes illustrative of the History, Geography, Botany, Antiquities etc. occurring throughout the Work. London* 1829. 4. Zu der ersteren Ausgabe kam später ein vollständiges Register unter diesem Titel: *Voyages d'Ibn Batoutah, Texte Arabe, accompagné d'une traduction par G. Defrémery et Dr. B. R. Sangoinetti. Index Géographique. Paris* 1860. Sie bildet die erste Abtheilung einer sehr zweckmäßigen, von der Asiatischen Gesellschaft zu Paris veranstalteten Sammlung Morgenländischer Schriften, von denen nur ein correcter Text und eine getreue Uebersetzung ohne Noten gegeben werden.

1) Sie oben III, S. 113 und S. 116. Er giebt zunächst nur die politischen Gränzen *Industhia's, Larike's* und des *Kaçmirischen* Reichs an, diese jedoch nach oben S. 146 nicht vollständig.

2) Z. B. von dem Umfange des Reichs des *Ballabhi*-Königs *Dhruvasena* des Zweiten oder *Dhruvapati* nach ebend. S. 522 flg. Von dem Könige von *Kapiça* erwähnt er nach S. 882 nur, dafs ihm zehn, und von *Chhitja* von *Kanjâkubga* nach S. 616, dafs ihm achtzehn Königreiche gehorchten.

Lassen's Ind. Alterthum., Anhang.   2

stand für jene Zeit, d. h. für die erste Hälfte des siebenten Jahrhunderts, meistens im Stich lassen, war es natürlich, daß ich
auch seinen desfallsigen Angaben einen Platz in meinem Werke
zugestanden habe. Die Arabischen Schriftsteller, von denen jetzt
die Rede ist, gehören einer Periode der Indischen Geschichte an,
für welche die einheimischen Schriften über die damalige Vertheilung der Indischen Länder unter verschiedene Herrscher uns
hinreichend belehren, und die Schriften jener Ausländer besitzen
daher in dieser Beziehung einen sehr untergeordneten Werth.
Die zweite Eigenthümlichkeit der in Rede stehenden Arabischen
Schriften ist die, daß in ihnen nicht wenige geographische Indische Namen sich uns darbieten, die in den Indischen fehlen
oder ganz unbekannt sind, so wie einige andere, welche sehr
entstellt sind und sich daher schwer auf ihre ächten Formen zurückführen lassen [1]). Nur *Albirûnî* macht in dieser Hinsicht in der
Regel eine rühmliche Ausnahme, die sich daraus erklären läßt,
daß er mit der heiligen Sprache der Brahmanen vertraut war.
Da es nun einer sehr schwierigen, langweiligen und ganz uner-
sprießlichen Untersuchung bedürfen würde, um die heutigen
Vertreter aller von den Arabischen Schriftstellern in den Indischen Ländern namhaft gemachten Gebirge, Ströme und Städte
zu ermitteln, halte ich mich um so mehr berechtigt, aus den hie-

[1] Beispiele der ersten Art lieferu die von *Salsinda* oben S. 917 flg. aufgezählt-
ten Namen der damaligen Indischen Reiche, von denen nur *Halhard* sonst
bekannt ist, während *Garz* aus *Gurgara* entstellt ist. *Caïaur* bezeichnet
eine Stadt an der Malabar-Küste, welche, wie REINAUD *Mémoire* etc. *sur
l'Inde* p. 220 vorschlägt, das von *Ptolemaios* erwähnte *Simylla* sein wird
und demnach nach oben III, S. 183 dem heutigen Bassein entspricht.
Die von *Ma'sûdi* und *Abulfedâ Siadda*, von andern Arabischen Schriftstellern *Sindabdr* geheißene Stadt (sieh REINAUD a. a. O. p. 220 und GILDE-
MEISTER a. a. O. p. 188) liegt nach dem Erstern 5 Tagemärsche von *Cai-
nur* und ¹/₂ *Farsang* oder Persische Meile vom Meere. Der einzige eini-
germaßen ähnliche Name, den ich auffinden kann, ist *Sindarni*, welche
Stadt nach EDWARD THORNTON's *Gazetteer* etc. IV. u. d. W. *Sindoruree*
20° 38′ n. Br. und 03° 17′ S. L. von Ferro in Khandes 32 Engl. Meilen
östlich von *Malligaum* liegt und daher eine verschiedene Stadt sein muß.
Ebenso unbekannt ist die von *Katriai* bei GILDEMEISTER a. a. O. p. 220
aufgeführte Stadt *Gagaîl*, welche auf dem Gipfel eines Berges liegt, sehr
stark befestigt ist und die einzige Stadt des ganzen Indiens gewesen sein
soll, welche nicht von Alexander dem Großen eingenommen wurde.

her gehörigen Werken nur einzelne Nachrichten auszuwählen und zu besprechen, als diese Nachrichten gröfstentheils nur gleichgültige oder sonst woher bekannte Dinge betreffen. Es versteht sich von selbst, dafs ich schon früher mitgetheilte Nachrichten der Araber bei dieser Gelegenheit nicht wiederholen werde.

Albîrûni theilt, wie *Hiuen Thsang*, Vorderindien in fünf grofse Gebiete, das *innere* oder *mittlere*, *Madhjadeça* der Inder, das *nördliche*, *östliche*, *südliche* und *westliche* ein, und stellt *Kanjâkubga* oder *Kanog* als den Mittelpunkt dar, von dem aus die Entfernungen aller Oerter nach *farsang* oder Persischen Meilen berechnet werden [1]). Der Grund dieser Bevorzugung ist ohne Zweifel der gewesen, dafs diese Stadt die Hauptstadt des mächtigen Reichs der *Âdûja* gewesen war und zur Zeit der Abfassung der Schriften des *Mas'ûdi*, des *Istakhri*, des *Ibn Haukal* und des *Albîrûni* die Beherrscher des mächtigsten Staats des innern Indiens, die *Râshirakûta*, gewöhnlich dort Hof hielten [2]). Die Perser legten dem *Madhjadeça* den Namen *Kanog* bei und gaben als Grund dieser Beilegung den Umstand an, dafs dieses Gebiet zwischen dem Gebirge und dem Meere, der kalten und der heifsen Gegend, und dem Westen und Osten liege [3]).

Aus den Werken *Mas'ûdi's* verdienen nur wenige Stellen bei dieser Veranlassung hervorgehoben zu werden. Er betrachtet mit Unrecht den *Bathard*, d. h. den *Ballabhîrda* in Prâkrit und *Ballabhirâpa* im Sanskrit, als noch herrschend, als den mächtigsten aller Indischen Fürsten seiner Zeit und als in *Mânekir* oder *Minnagara* residirend [4]). Er bezeugt, dafs die Muslim von Seiten der Indi-

---

1) Haukaus's *Fragments Arabes et Persans* etc. p. 68 flg., sieh sonst eben III, S. 070 flg.

2) Sieh oben III, S. 810.

3) Raskîd-eddîn bei WALTER ELLIOT a. a. O. 1, p. 34. Auch dieser Schriftsteller berechnet die Entfernungen der Oerter von *Kanog* aus.

4) Bei GILDEMEISTER a. a. O. p. 166; sieh sonst oben III, S. 501 Note 1 und S. 592. Ich habe ebend. S. 535 bemerkt, dafs aufser *Mas'ûdi* noch *Al-Istakhri*, *Ibn Haukal* und *Albîrûni* den Fortbestand *Mânekir's* besagen, und ebend. S. 491 daran erinnert, dafs die zwei ersten Schriftsteller den Titel *Balkard* auf die damals in General waltenden *Râshirakûta* übertragen. Ich habe ferner ebend. S. 487 flg. dargethan, dafs *Mas'ûdi's* Bericht von der ältesten Indischen Geschichte ganz werthlos ist. Er wiederholt endlich, obwohl er diese Insel selbst besucht hatte, a. a. O. p. 154 die nach

2 *

seben Herrscher sich einer höchst toleranten Behandlung zu erfreuen hatten[1]). Diese Thatsache bestätigt nach ihm *Ibn Haukal*,
von dem wir erfahren, daſs die in Guzerat ansässigen Muhammedaner ungestört ihrem Gottesdienste in ihren Moscheen obliegen
durften, ihre eigenen Vorsteher und Richter hatten und als Zeugen vor Gerichten sehr geachtet waren, ja sogar in einigen Fällen den Einheimischen vorgezogen wurden[2]). *Mas'ûdi* berichtet
auſserdem, daſs es damals bei den Indern Sitte geworden war,
Betel-Blätter zu kauen, welche mit Pfefferkörnern und Kalk zu-
bereitet wurden; dieser Gebrauch hatte sich sogar nach Mekka
und Jemen verbreitet[3]). Die Spezerei-Händler hatten diese stets
vorräthig und die Inder betrachteten sie als Mittel gegen Ge-
schwüre u. s. w.; sie glaubten ferner, daſs der Genuſs der so
zubereiteten Betel-Blätter die Zeugungskraft vermehre, die Liebe
erwecke, die Wurzeln der Zähne befestige, den Appetit errege,
den Athem wohlriechend mache und den Körper kräftige.

Aus dem Werke des *Ibn Haukal* kommt bei dieser Auswahl
nur eine einzige Stelle in Betracht[4]). Er berichtet, daſs die Bewohner des Gebiets, dessen Hauptstadt *Mançûra* war, sich ganz
so kleideten, wie die Bewohner *Irâk's*, d. h. die Perser; nur
die *Amîre* der dortigen Muslim hatten in so fern die Tracht der
Indischen Könige angenommen, daſs sie den Haarschmuck und
die geschmückten Kleider derselben trugen[5]). Die Indischen
Fürsten trugen bekanntlich reich mit Juwelen geschmückte Kro-
nen und gestickte Oberkleider. Dieser an und für sich unerheb-

Abû Zaid oben S. 926 Note 3 mitgetheilte unglaubliche Erzählung von der
verächtlichen Behandlung der Könige *Serendib's* nach ihrem Tode.

1) REINAUD *Mémoire* etc. *sur l'Inde* p. 221. Was *Mas'âdi* von den Kasten
und den Gebräuchen und Sitten der Inder meldet, ist so allgemein gehal-
ten, daſs es nicht der Mühe verlohnt, diese Nachrichten hier zu wiederholen.

2) Bei GILDEMEISTER a. a. O. p. 118.

3) REINAUD *Mémoire* etc. *sur l'Inde* p. 230. Ich habe oben S. 216 Note 1 bemerkt, daſs die Inder die Betel-Blätter jetzt *pân* nennen, früher aber
tâmbûla nannten.

4) Nämlich die von GILDEMEISTER a. a. O. p. 167 und p. 28 mitgetheilte.

5) Nach REINAUD's Bemerkung a. a. O. besteht die Tracht der Perser aus
Heinkleidern, einem Rocke und einem Turban. Nach der dort angeführten *Relation de JEAN THÉVENOT* V. p. 111 hieſs das Oberkleid der Indischen Fürsten *Korthak*.

liche Umstand beweist, daſs die Araber in Indien in einigen Fällen sich dazu verstanden, Indische Gebräuche sich anzueignen. Wichtiger sind einige Mittheilungen des gründlichen Kenners Indiens, des *Albirûni*. Er bemerkt, daſs das Pilgern nach berühmten *Tirtha* ein gewöhnlicher Brauch bei den Indern war[1]). Solche heilige Stätten waren theils Tempel, theils Badoplätze, die sich in der Regel nahe bei einander befanden. Die frommen Pilger badeten dort, brachten den Götterbildern Opfer dar, sagten dabei Gebete her, unterzogen sich längerem oder kürzerem Fasten und beschenkten die Tempelpriester und die Tempeldiener; zuletzt schnitten sie sich die Haare und den Bart ab und kehrten dann heim. Daſs diese fromme Sitte eine sehr alte war, erhellt daraus, daſs in dem *Mahâbhârata* sich ein langer Abschnitt findet, der *Tirthajâtrâ*, d. h. Wandern nach den *Tirtha*, betitelt ist und in welchem die dort geschehenen Thaten der Götter und der frommen Männer gepriesen und die Belohnungen der Pilger auseinandergesetzt werden[2]). Die frommen Inder verwendeten groſsen Fleiſs und beträchtliche Kosten auf den Bau solcher *tadâga* oder Teiche. Die fremden Besucher derselben bewunderten ihre Arbeit und gestanden zu, daſs sie selbst keine derselben gleich zu Stande zu bringen vermöchten. Sie waren aus groſsen steinernen, durch eiserne Klammern zusammengefügten Blöcken aufgeführt, welche systematisch geordnet waren. Es führten Treppen bis auf den Boden derselben, welche so eingerichtet waren, daſs die Badenden bequem herunter- und heraufsteigen konnten. Solche Treppen hieſsen *ghata* und fanden sich übrigens auch an den Ufern heiliger Ströme.

Albirûni bezeichnet als solche am öftersten besuchte heilige Stätten die Quellen der *Gangâ*, zu denen sich die gottergebenen Wallfahrer über Schneefelder begaben; *Sthâneçvara*; *Kuruxetra* oder die Gegend der groſsen Schlacht, wo die altberühmten Seen des *Paraçu-Râma* lagen; einen Teich bei *Vultân* und einen Tempel in *Mathurâ*[3]). *Vârânaçî* oder Benares erscheint auch in dem

1) Reinaud *Mémoire* etc. sur l'Inde p. 280 fg.
2) Sieh oben I, S. 565 nebst den Noten 1 u. 2. Tirtha stammt ab von *tr*, über einen Fluſs setzen, und bedeutet zuerst eine Furth, dann einen Badeplatz an heiligen Strömen und Seen, zuletzt im Allgemeinen jede heilige Stätte, in deren Nähe in der Regel ein Wasser ist.
3) Reinaud a. a. O. p. 287 fg. Ueber Kuruxetra und die Râmahrada sieh

Berichto dieses Arabers als ein Gegenstand tiefer Verehrung von
Soiten der Inder. Dorthin wanderten fromme Männer aus fernen
Provinzen, um sich den religiösen Uebungen zu widmen. Es galt
als grofses Heil, in dieser Stadt zu sterben, und ein Verbrecher,
dem es gelang, dorthin zu kommen, war vor jeder Verfolgung
geschützt. Alle Personen, welche in dieser Stadt aus dem Leben
schieden, glaubten sicher selig zu werden.

Von den übrigen Nachrichten des *Albîrûni* möge nur noch
eine hier hervorgehoben werden, nämlich seine Beschreibung der
Malediven und der *Lakkediven* [1]. Er giebt ihnen den Namen
Dibagât; sie gehören zu den in der Nähe des Kap *Komorin* gelegenen. Der Ausdruck *divah* oder eher *dibah*, der aus dem Sanskritworte *dripa*, Insel, entstellt sein mufs, bezeichnet nach ihm
besonders solche Eilande, welche sich aus dem Meere erheben
und in der Gestalt von Sandbänken erscheinen; diese Sandbänke
vergröfsern sich allmählig und bilden zuletzt einen festen Boden.
Einige von diesen Inseln fallen nachher aus einander und ver-
sinken im Meere. Es ist dieses eine genaue Beschreibung der
Korallen-Inseln. Wenn der letzte Fall eintritt, ziehen die Bewohner eines solchen Inselchens nach einem im Wachsen begrif-
fenen, bringen dorthin ihre Kokosbäume, ihre Palmen, ihre Körner und ihre Geräthe und lassen sich dort nieder. Diese Inseln
zerfallen in zwei Gruppen, welche ihre Benennungen von ihrem
bemerkenswerthesten Erzeugnisse erhalten haben; die eine heifst
Divah-Kuzah, nach den *Kauri*-Muscheln, welche auf den Zweigen
der im Meere gepflanzten Kokospalmen gesammelt werden; die
zweite *Divah-Kanbar*, nach den Tauen, welche aus den Fasern
der Kokos gesponnen werden, sehr stark sind und von den Einheimischen *Koir* geheifsen werden [2].

---

oben I, p. 111; die fünf dortigen Teiche heifsen *Samanta-pankaka*. Ueber
Sikhueçvara sieh oben III, S. 911.

1) HMINAUD *Fragments Arabes et Persans* etc. p. 173 fg.

2) Ich bemerke bei dieser Gelegenheit, dafs Ceylon's Reichthum an Namen,
über welchen sich oben III, S. 212 fg., durch die Arabischen Schriftsteller noch vermehrt wird. *Albîrûni* erwähnt bei RINAUD in dessen *Fragments
Arabes et Persans* etc. p. 173. dafs die Inder *Serendîb* die goldene Insel
oder *Suvarnadvipa* nennen. *Ahmed ben-jahja* mit dem Beinamen *Beladori*,
der 892 starb und eine *Besiegung der Länder* betitelte Geschichte verfafst
hat (sieh oben III, S. 400), legt nach HMINAUD's *Mémoire* etc. sur l'Inde

Von dem unbekannten Arabischen Verfasser des *Kitāb-alfirist*,
der um 987 diese Schrift verfasste und einen besondern Abschnitt
derselben der Religion der Inder widmete, erhalten wir einige
Ergänzungen der Nachrichten *Albirūnī's* über diesen Gegenstand [1]).
In *Mānekir* oder *Minnagara* war ein Tempel, der angeblich ein
farsang oder Persische Meile lang war und zwanzig Tausend *bodd*
oder Statuen enthalten haben soll, welche aus sehr verschiedenen
Materialien: Eisen, Bronze, Kupfer, Edelsteinen, Ebenholz u. s. w.
verfertigt waren. Das vornehmste Götterbild war von Gold und
zwölf Ellen hoch; es safs auf einem goldenen Throne unter einer
mit Gold bedeckten Kuppel. Es wurden diesem Gotte Thiere
geopfert und an einem bestimmten Tage des Jahres ein Pferd;
es wird daher eine Statue *Çiva's* gewesen sein, weil diesem Gotte
und seiner Gemahlin *Pārvati* Thiere geopfert werden [2]).

p. 180 und p. 207 dieser Insel den Namen *Gesiret al-jakūt* oder *Rubinen-Insel*
bei, und zwar nach seiner Behauptung wegen der Schönheit der Singba-
lesischen Frauen, obwohl es richtiger sein wird, diese Benennung aus
dem Reichthume dieser Insel an Edelsteinen zu erklären. *Fahlen* giebt
dafür *Foe K. K.* p. 328 und p. 338 *Ratnadvīpa* oder *Juwelen-Insel*. Dieser
Umstand berechtigt uns, mit *Reinaud* auf Ceylon die Stelle des *Hari-
ranša* XXXI, p. 1145 flg., IV, p. 501 zu beziehen. In ihr heifst es, dafs
Jadu's Sohn *Haritа* sich nach der von Edelsteinen bedeckten und wegen
der Schönheit ihrer Frauen berühmten, im Oceane gelegenen Insel begab,
um sie zu beherrschen. — eine Nachricht, die keinen historischen Werth
bat, well die *Jādava* niemals dort geherrscht haben. Dort tauchten Fischer in's Meer, um Muscheln zu sammeln, andere holten aus dem Meere
Korallen, andere endlich Perlen. Die Bewohner dieses Eilandes besafsen
viele Edelsteine und sollen auch Goldstaub gesammelt haben. Sie gehörten der Kaste der *Nishāda* oder der Fischer an und rüsteten Flotten von
Schiffen aus, um Perlenauster zu fischen, und nährten sich von dem
Fleische von Fischen. Wegen ihres Reichthums an Edelsteinen hatte
diese Insel *Ratnadvīpa* geheifsen. Die Perlen brachten die Eiländer nach
fernen Ländern. Es braucht kaum ausdrücklich bemerkt zu werden, dafs
diese Beschreibung sehr unvollständig ist, weil es aufser den Fischern
Leute gab, die sich mit Ackerbau u. s. w. beschäftigten. Die Perlmutter-
Fischer auf Ceylon bilden eine besondere Abtheilung der *Parava* oder der
Fischerkaste; sieh oben III, S. 308.

1) *Reinaud Mémoire* etc. *sur l'Inde* p. 288 flg. Er benutzte dabei eine Abhandlung, welche auf den Befehl des Barmakiden *Jahja-ben-Khālid* um 750
verfasst und von dem berühmten Philosophen *Alkendi* abgeschrieben worden war.

2) Sieh oben IV, S. 627.

Çiva wurde damals besonders auch in der Gestalt des *Mahákála* angebetet. Der Kaiser *Altamish*, der im Jahre 1231 *Uggajini*,
die alte Hauptstadt *Málava's*, eroberte, fand dort einen prachtvollen, nach dem Vorbilde des in *Somanátha* erbauten Tempel,
dessen Bau drei Hundert Jahre gedauert haben soll [1]). Die dort
aufgestellte Statue dieser Gottheit war eine steinerne, so wie auch
eine des altberühmten Herrschers, des *Vikramáditja*; diese, so
wie einige bronzene Götterbilder, liess der Sieger nach Delhi
bringen. *Muhammed Sharistáni*, der in mehreren Fällen das *Kitáb-alfirist* zu Rathe gezogen hat, berichtet mehrere nähere Umstände von dem Kulte dieser Gottheit. Sie wurde nicht nur wegen ihrer guten, sondern auch wegen ihrer bösen Eigenschaften
verehrt. Ihre Verehrung wurde jeden Tag drei Mal begangen
und es wurden ihr zu Ehren festliche Aufzüge um die Statue derselben veranstaltet. Der heiligste Tempel *Mahákála's* war der in
Uggajini; er wurde von frommen Indern aus allen Theilen der
Halbinsel besucht; seine Verehrer richteten an den *Mahákála* in-
brünstige Gebete um die Gewährung ihrer Wünsche und verweil-
ten mitunter mehrere Tage und Nächte in diesem Tempel, ohne
zu essen und zu trinken.

Es mögen schliesslich die Nachrichten des Verfassers des
Kitáb-alfirist von der Verehrung des *Áditja* oder des Sonnengottes den Lesern vorgelegt werden [2]). Dieser Gott wurde dargestellt als einen feuerrothen Stein in der Hand tragend und auf
einem von vier Pferden gezogenen Wagen sitzend. Die Inder
betrachteten diesen Gott als einen der vornehmsten und brachten
ihm drei Mal täglich ihre Verehrung dar, indem sie seine Statue
rechts umwandelten und ihr Wohlgerüche verbrannten; dabei
wurde Musik gemacht. Die Tempel dieses Gottes besafsen Ländereien, von deren Ertrage die Tempelpriester ihren Unterhalt

---

1) *Ferishta* bei *Briggs* I, p. 211 fg. und *Reinaud* a. a. O. p. 291, dann *Book
of Religious and Philosophical Sects by Muhammad Al-Shahrastani. First edited
from the collation of several Mss. by the Rev. William Cureton, M. A.
F. R. S., assistant keeper of the Manuscripts of the British Museum, late Sub-
Librarian to the Bodleyan Library*. Die hierher gehörende Stelle findet
sich p. 453. Auf dieses Werk werde ich unten zurückkommen.

7) *Reinaud* a. a. O. p. 292. Er stellt *Dithakri* durch *Adiri-bhakti* her; *Adiri*
ist jedoch eine Göttin und Mutter der *Áditja* genannten Götter, zu denen
auch *Súrja* gehört; ihr Name bedeutet: *das Schrankenlose, das Unzerstörbare*.

bestritten. Die Aussätzigen, die Armen und die Kranken jeder Art begaben sich nach diesen Tempeln, um dem Gotte ihre Verehrung darzubringen, und zwar so lange, bis er ihnen angeblich im Traume erscheine und ihnen die Abhülfe ihrer Uebel versproche [1]).

Auch der Mondgott war damals einer besondern Verehrung theilhaftig geworden und seine Verehrer hiessen *Kandrabhakta*. Sie glaubten, dass dieses Gestirn von einem Geiste beseelt sei. Er wurde abgebildet mit einem *Kandragupta*, d. h. vom Monde beschützten Edelsteine in seiner Hand, und safs auf einem von vier Schwänen gezogenen Wagen. Die Anhänger dieser religiösen Sekte fasteten am Anfange und um die Mitte jedes Monats und setzten diese Fasten bis zum Neumonde fort. Bei der Erscheinung des Neumondes bestiegen sie die Dächer ihrer Häuser und verbrannten ihm zu Ehren Wohlgerüche, sobald er sichtbar wurde; sie richteten sodann Gebete an diesen Gott, um seine Gunst zu erstreben und stiegen dann von den Dächern wieder herunter [2]).

___
1) Gewöhnlicher ward der Wagen des Sonnengottes von sieben Rossen gezogen und er heifst deshalb schon in den Vedischen Hymnen *Saptaasepti*, d. h. sieben Pferde habend. Der damals berühmteste Sonnentempel war nach oben III, S. 643 der in *Multán*. *Idrisi* bei A. Jaubert a. a. O, p. 167 bestätigt, dafs der dortige Tempel von frommen Indern aus fernen Gegenden besucht wurde, die dem Götterbilde kostbare Edelsteine, Schmucksachen und Wohlgerüche opferten. Die Priester, die Diener und die Sklaven dieses Tempels nährten und kleideten sich vom Ertrage dieser reichen Gewinn bringenden Opfer. *Idrisi's* Beschreibung der Statue weicht in einigen Punkten von der frühern ab, über welche sieh oben III, S. 646 und IV, S. 919. Sie hatte eine menschliche Gestalt, safs auf einem gipsernen Sitze und war mit einem rothen maroquinähnlichen Felle in der Weise bekleidet, dafs nur die Augen sichtbar waren; diese bestanden aus Edelsteinen und der Kopf der Statue war mit einer goldenen, mit Edelsteinen geschmückten Krone bekleidet. Ob das Innere aus Holz sei oder nicht, war unklar; unterhalb der Ellenbogen theilten sich die Arme in zwei.

2) Statt *Kandragupta* wird zu lesen sein *Kandrakánta*, d. h. Liebling des Mondes, von welchem erdichteten Edelsteine die Inder glaubten, dafs er von den Strahlen des Mondes gebildet werde, nur bei Mondschein glänze und eine Feuchtigkeit ausschwitze, sieh O. Donnyilson's und R. Horn's *Sanskrit-Wörterbuch* u. d. W. *Kandráyana* bezeichnet ein Fasten, bei welchem man den Mondlauf zur Richtschnur nimmt, indem man bei abneh-

Idrisi, der zunächst an der Reihe ist, liefert nur einzelne
beachtenswerthe Ergänzungen der Mittheilungen seiner Vorgänger
über die Indischen Länder. Er betrachtet, wie die ältern Arabischen Schriftsteller, *Balhara* als einen erblichen Titel der in Guzerat herrschenden Monarchen und legt denselben dem in *Nahra-
vana* oder *Analavdia* Hof haltenden Herrscher bei[1]). Dieser ver-
fügte über ein grofses Heer von Elephanten, trug auf seinem
Kopfe eine goldene Krone und kleidete sich in Kleider aus sehr
kostbaren Stoffen; er liebte sehr zu reiten und machte jede Woche
einmal einen Ausflug zu Pferde, bei dem er von hundert reich
gekleideten Frauen begleitet ward. Diese Frauen trugen ge-
lockte Haare und an den Armen und den Füfsen goldene und
silberne Ringe; die letzteren heifsen im Sanskrit bekanntlich *nú-
pura*. Diese Frauen liebten sehr das Spielen und Scheinkämpfe,
an denen ihr Herr Theil nahm. Er betete ein Bild *Buddha's* an[2]).
Seine Vezire und Generale begleiteten ihren König nur, wenn
dieser gegen Rebellen oder auswärtige Feinde marschirte. Die
Hauptstärke seines Heeres bildeten die Elephanten. Nach seiner
Residenz begaben sich viele Muselmännische Kaufleute, welche
sehr ehrenvoll von dem Herrscher und seinen Ministern aufgenommen wurden und sich der vollkommensten Sicherheit erfreu-
ten. Da *Idrisi* seine Geographie im Jahre 1154 vollendete, hiefs
der damals in *Analavdia* residirende Fürst der *Kdlukja Kumdra-
péla*, der zwar kein Buddhist, allein ein Freund der *Gaina* war[3]).

Der Arabische Geograph, dem ich diese Nachrichten entlehne,
kann meist die Liebe der Inder zur Gerechtigkeit, Wahrheit und
treuen Erfüllung ihrer Versprechen loben. Er führt für die

---

wendem Monde jeden Tag einen Diasen weniger und bei dem wachsenden
Monde jeden Tag einen Diasen mehr zu sich nimmt.

1) Bei *Amédée Jaubert* a. a. O. I, p 173 und p. 176. Er führt als andere
Beispiele dieses Gebrauchs die *Nubier*, die *Zing* oder die Neger, die Per-
ser, die Römer und Chinesen an und beruft sich auf die Schrift des
Ubard al allah-ben-Khordadbih.

2) Da *bod* oder *bodd*, sieh oben III, S. 618 Note I, im Allgemeinen jedes
Götzerbild bezeichnet, wird es ein Fehler sein, das Wort durch Bild
Buddha's zu übertragen; es wird dafür Bild *Gina's* zu setzen sein.

3) Sieh oben III, S. 507. Der Gebrauch, dafs die Indischen Könige sich
von Frauen bedienen und bei Aufzügen sich von ihnen begleiten liefsen,
ist sehr alt und wird auch von *Megasthenes* bezeugt; sieh oben II, S. 715.

letztere Tugend folgendes schlagende Beispiel an. Wenn Jemand
von einem Andern eine Sache zu erlangen wünscht, braucht er
ihn nur aufzusuchen und eine kreisförmige Linie auf der Erde
zu ziehen; er läfst dann seinen Gläubiger oder einen seines Ver-
sprechens untreu gewordenen Mann in diesen Kreis treten, welcher nie verfehlt, seinen Verpflichtungen nachzukommen [1]). Dafs
die Inder in der Regel ihre Todten verbrennen, ist bekannt.
Wenn ein König stirbt, wird ein Wagen von angemessener Gröfse
gebaut, der etwa zwei Handbreit über der Erde erhaben ist; auf
diesen wird ein Katafalk gelegt, über dem eine Krone angebracht
ist, und auf diesen der mit seinen Sterbekleidern angezogene
Leichnam des gestorbenen Fürsten. Der Wagen wird von Sklaven durch die Stadt gezogen; dafs der Kopf des Herrschers nackt
sei und seine Haare auf der Erde nachschleppen, bestätigen die
einheimischen Schriften nicht [2]). Vor dem Wagen schreitet ein
Herold, der folgende Worte ausruft: „Menschen! Sehet hier
euren König, der so oder so hiefs; er lebte glücklich und mächtig so oder so viele Jahre. Er ist nicht mehr und hat seinen
Händen Alles entschlüpfen lassen, was er besafs; er besitzt jetzt
nichts mehr und empfindet kein Ungemach. Erinnert euch, dafs
er euch den Weg gezeigt hat und dafs ihr nothwendig demselben
Wege folgen müsset." Nachdem der Herold dieses gesprochen,
wird der Wagen nach dem Leichenplatze gezogen und der Leichnam des Monarchen nach den vorgeschriebenen Ceremonien verbrannt. Nach dem dem *Idrisi* vorliegenden Berichte sollen die
Unterthanen den Tod ihrer Herrscher nur wenig beklagt haben.

Von *Serendib* oder Ceylon handelt *Idrisi* ziemlich ausführlich [3]).
Die Insel liegt in dem *Harkand* genannten Meere und ist sehr
grofs, indem sie in jeder Richtung eine Ausdehnung von 80 *farsang* oder Persischen Meilen, d. h. von etwa 48 geogr. Meilen
hat; das Richtige ist, dafs ihre gröfste Länge von N. nach S. 60
und ihre gröfste Breite von W. nach O. 60 geogr. Meilen be-

---

1) Bei AMÉDÉE JAUBERT a. a. O. 1, p. 177.

2) Aehnliches wird von *Sulaimân* und *Mas'ûdi* vom Begräbnisse der Singbala-
sischen Könige erzählt, sieh oben S. 920 Note 3 und S. 20. Der Grund,
dafs dieses geschehe, damit man sich vom Tode des Königs überzeugen
könne, ist nichtig, weil er, wenn er noch gelebt hätte, sich nicht würde
haben so behandeln lassen.

3) Bei AMÉDÉE JAUBERT a. a. O. 1, p. 71 flg.

trägt [1]). Der *Adams-Pik* ist so hoch, dafs die Seofahrer in einer
Entfernung von mehreren Tagereisen den Gipfel erblicken können. Weder die Brahmanen, noch die Buddhisten, sondern die
Muslim verlegen nach diesem *Al-Rabrâk* geheifsenen Berge das
Paradies und haben diese Einbildung selbst ausgedacht. Der Fufs-
stapfe soll eine Länge von siebenzig Ellen gehabt haben und es
wurde erzählt, dafs der Stammvater der Menschen seinen zweiten
Fufs an's Gestade des Meeres gesetzt habe [2]). Die Insel ist sehr
reich an Edelsteinen und an nützlichen und kostbaren Gewächsen, deren Aufzählung hier füglich unterbleiben kann. Der sehr
gerechte und duldsame Beherrscher dieser Insel residirte in der
Stadt *Ágana* und verlieh den in seinem Reiche angesiedelten Christen, Juden und Muhammedanern seinen wirksamen Schutz [3]).
Er wich darin von den sonstigen Indischen Königen ab, dafs er
den Genufs des Weines sich selbst und seinen Unterthanen ge-
stattete und Persischen Wein für sein Geld kaufen liefs; dieser
wurde nachher in seinem Reiche verkauft.

Von *Kalah* oder der Insel Sumatra ist bei dieser Gelegenheit nur zu melden, dafs sich dort sehr reichhaltige Gruben von
Zinn finden und dafs dort das höchst nützliche *Kolan*-Rohr üppig
gedeiht [4]). Die Insel *Saldhat*, nach deren Namen das Sumatra im

---

1) Sieh oben 1, S. 132.

2) Dieses meldet auch *Sulaimân*, sieh oben IV, S. 918.

3) Der damalige Beherrscher *Sinhala's* war *Gagabâhu* der Zweite, der nach
oben S. 318 von 1129 bis 1153 auf dem Throne safs; die damalige Residenz der Singhalesischen Monarchen war *Pollanarua*. sieh oben S. 312.
Idrisi erwähnt auch, dafs die Singhalesen grofse Freunde von Hazard-
spielen waren, jedoch viel kürzer als *Sulaimân*, sieh oben S. 127.

4) Bei *Abûlfedâ* JAUBERT a. a. O. I, p. 880. Der Kampher war ohne Zweifel
dort einheimisch. *Kazwini* bemerkt bei GILDEMEISTER a. a. O. I, p. 200,
dafs dieses Rohr aus *Kalah* ausgeführt wurde. Durch die verschiedenen ihm vorliegenden Berichte ist er verleitet worden, ein doppeltes
Kalah vorauszusetzen. Nach p. 211 heifst so eine Indische Stadt, die
in der Richtung nach China hin lag, von vielen Brahmanen bewohnt
oder besucht wurde und die äufserste Gränze der dorthin segelnden Seefahrer war. Dieses stimmt damit überein, dafs nach unten auch Sumatra
der Mittelpunkt des Handels zwischen China und den westlichen Ländern
war. Für die Ansicht, dafs dort (sieh unten) damals eine bedeutende
Handelsstadt war, spricht der Umstand, dafs in *Kalah* die besten Indischen
Schwerter verfertigt wurden. Die Angabe, dafs die Bewohner dieses

W. der Halbinsel Mâlaka bespülende Meer benannt wurde, lag
nach *Idrîsi* nur 2 *farsang* von *Gaba* oder *Java* und auch nicht
weiter vom *Hiring*, welches von *Sulaimân* und andern Arabischen
Schriftstellern *K'idrang* geheißen wird und der Koromandel-Küste
im N. der Krishna entspricht [1]). Diese drei Gebiete gehorchten
alle einem einzigen *Gâba* genannten Herrscher, d. h. dem Könige von Java. Dieses kann nur von der Insel *Saldhat* gelten,
welche nach ihrer Lage in der Nähe von Sumatra und Java
nur eine der *Sunda*-Inseln sein kann. Diese Inseln erzeugen
zwar Sandel, jedoch nicht Kampher und Gewürznelken, von
denen der erste aus Borneo oder Sumatra, die zweiten von
den Molukken dahin gebracht worden sein müssen. Nach dem
Zeugnisse des *Idrîsi* fand sich auf dieser Insel ein noch thätiger
Vulkan, was richtig sein mag, weil es bekanntlich im Indischen
Archipel viele erloschene Vulkane giebt.

Die einzige bei dieser Gelegenheit aus der Geographie *Idrîsi's*
hervorzuhebende Stelle betrifft das Land *Canf* [2]). Das dort wach-
sende Adlerholz war das vorzüglichste, weil so schwer, daß es
im Wasser versank. Das Land brachte außerdem Reis, Kokos,
Bananen und Zuckerrohr hervor. Die dortigen Ochsen und Büffel
mögen sehr kurze Schwänze gehabt haben, entbehrten ihrer jedoch nicht ganz und gar. Die Bewohner dieses Landes erdros-
selten und tödteten keine Thiere, sondern aßen ihr Fleisch nur,
wenn dieselben gestorben waren, obwohl sie, als Buddhisten,
einen Widerwillen gegen Fleischspeisen hatten. Wer eine Kuh
tödtete, wurde mit dem Tode oder dem Abhauen seiner rechten
Hand bestraft; die Kühe wurden in *K'ampa* so sehr geschätzt,

---

Landes Schutz bei dem Kaiser von China suchten, bestätigt die einheimische Geschichte nicht.

1) Bei Amédée Jaubert a. a. O. I, p. 60. Sieh sonst unten. Da in der
    Arabischen Schrift das *k* (*s*) und *m* leicht mit einander vertauscht werden
    können, dürfte dieses Eiland nicht von dem von *Kazrini* a. a. O. p. 363
    erwähnten *Saldmeth*, von welchem Sandel, Gewürznelken und Kampher
    ausgeführt worden, verschieden sein; so liegt nach ihm im Indischen
    Meere. *Kazrini* ist auch in diesem Falle durch die verschiedenen Anga-
    ben in den von ihm benutzten Quellen veranlaßt worden, noch eine an-
    dere *Saldmeth* benannte Insel zu unterscheiden, von der aus viele kost-
    bare Waaren versendet worden; sieh oben S. 057.

2) Bei Amédée Jaubert a. a. O. I, p. 85.

daſs ſie, wenn ſie krank geworden, nach Ställen gebracht und
bis zu ihrem natürlichen Tode gefüttert wurden. Ausnahmsweise
wurden Schlangen und ähnliche von andern Nationen als Speise
verworfene Thiere gegessen; dieses than, wie man weifs, auch
die Chinesen. Die Bekleidung der Bewohner dieses Landes bestand aus zwei Stücken: einem bis auf die Fersen herabhängen-
den Mantel und einem Unterkleide, von dem der Körper bedeckt
wurde; wie ihre Köpfe und ihre Füfse bekleidet waren, erfahren
wir nicht. Der damalige Beherrscher dieses Landes hiefs *Kanid*
und stammte von der Familie *Samar* ab; inwiefern diese Mel-
dung in der Wahrheit begründet sei, läfst sich nicht sagen, weil
aus dieser Zeit die Berichte der Chinesischen Schriftsteller von
dem Reiche *Kamboga* sehr dürftig sind[1]).

Da ich schon früher bei angemessenen Gelegenheiten aus
Kazrini's Kosmographie den Lesern die Stellen vorgelegt habe,
welche einer Mittheilung werth erschienen, will ich nur noch aus
seiner Beschreibung *Serendib's* die Stellen auswählen, welche bei
den übrigen Arabischen Schriftstellern fehlen, und ihre Nachrichten berichtigen[2]).

Nach diesem Geographen gehorchte diese Insel damals drei
Fürsten, die mit einander in Feindschaft lebten. Von dem Verfahren gegen Schuldner, die ihre Schuld nicht abtrugen, meldet
er Folgendes. Der König, davon in Kenntnifs gesetzt, sandte
einen Beamten aus, der eine kreisförmige Linie um den Schuldner zog, sobald er ihn ausfindig gemacht hatte; dieser durfte
nicht aus diesem Kreise heraustreten, ehe er die Schuld abge-
tragen oder sich mit seinem Gläubiger verständigt hatte; that er
dieses eber, mufste er die dreifache Summe zahlen, von welcher
zwei Drittel dem Könige zufielen. Diese Darstellung stimmt, wie
man sieht, mit der von *Idrisi* überein, welcher dieses Verfahren
als ein in allen Indischen Ländern geltendes darstellt und den
König aus dem Spiele läfst[3]). Von der Bestattung der gestorbe-

---

1) Sie bestätigen übrigens *Idrisi's* Beschreibung der Bekleidung der Bewohner *Kampu's*; sie trugen nämlich einen langen wollenen Mantel und einen
  kleinen darunter; ihre Arme waren nackt; sieh ABEL-RÉMUSAT's *Descript.*
  du Royaume de Camboge p. 47 des besondern Abdrucks.
2) Bei GILDEMEISTER a. a. O. p. 107.
3) Sieh oben IV, S. 942.

nen Beherrscher dieser Insel berichtet dieser Verfasser zwar kürzer, jedoch richtiger, d. h. mit Weglassung der verächtlichen Behandlung der königlichen Leichname [1]). Der Leichnam wurde in einen aus Ebenholz oder Sandelholz verfertigten Sarg gelegt; der Leichenzug wurde von seiner Gemahlin begleitet, welche mit dem Leichname ihres Gemahls auf dem Scheiterhaufen verbrannt wurde [2]).

Da *Abulfedâ* keine beachtenswerthen Beiträge zur genaueren Bekanntschaft mit Indischen Dingen liefert, kann ich mich anschicken, aus der Reisebeschreibung des *Ibn-Batûta* die interessantesten, von Indischen Dingen handelnden Stellen auszuwählen. Er kam nach Indien im Anfange des Jahres 734 der *higra*, welches mit dem 12. September 1333 beginnt, befand sich im Jahre 1344 auf Ceylon und kehrte im Jahre 1347 aus China nach seinem Vaterlande zurück [3]). Er hatte somit Zeit genug, um seine Wißbegierde befriedigen zu können. Es kam ihm dabei noch sehr zu statten, dafs er sich einer hohen Gunst von Seiten des damaligen Kaisers, des *Muhammed Toghrul* aus der Afghanischen Dynastie *Lodi*, zu erfreuen hatte, der von 1325 bis 1351 auf dem Throne safs. Diese Gunst verschaffte unserm Reisenden auch eine günstige Aufnahme bei den Statthaltern und andern hohen Beamten dieses Monarchen. Es konnte ihm nicht entgehen, dafs Indien vermöge seiner klimatischen Verhältnisse den Vorzug doppelter Aussaaten und Aernten besitzt, und er giebt ein ziemlich vollständiges Verzeichnifs der in jeder der zwei Jahreszeiten reifenden Gewächse [4]). Er erstattet bei mehreren Gelegenheiten einen genauen Bericht über die Beschaffenheit der hervorragendsten Erzeugnisse der Indischen Pflanzenwelt und ihre Anwendung [5]).

---

1) Sieh hierüber oben IV, S. 916 Note 3, S. 20 und S. 27. Von *Serendîb* melden es *Suleimân* und *Mas'ûdî*, vom ganzen Indien *Idrîsî*.

2) Die Angabe, dafs Ceylon drei Herrschern unterthan war, wird auf eine frühere Zeit, als die der Abfassung der Kosmographie *Kazwînî's*, zu beziehen sein, nämlich auf die Herrschaft des Malabaren *Jâghir* von 1214 bis 1235, während welcher in *Malaja* und *Rohana* einheimische Fürsten walteten; sieh oben IV, S. 336 flg.

3) Bei *Defrémery* und *Sanguinetti* III, p. VI, 73, IV, p. 115 u. Vorrede I.

4) Ebend. a. a. O. III, p. 139 flg. Ueber die Vertheilung der Gewächse, die in der heifsen, feuchten und der kältern, trockenen Jahreszeit gebaut werden, sieh oben I, S. 222 flg.

5) Nämlich a. a. O. III, p. 125 flg. vom Mango, vom Jackbaume, vom

Da die Leser, welche dieses wünschen, in bekannten Schriften über diese Gewächse und ihre technische und sonstige Ver-
wendung sich leicht Auskunft verschaffen können, und es ohnehin einen zu großen Raum in Anspruch nehmen würde, wenn
ich *Ibn Batúta's* Nachrichten von allen diesen Gewächsen hier wiederholen wollte, werde ich mich darauf beschränken, nur zwei
von seinen hierher gehörigen Meldungen meinen Lesern vorzulegen.

In der Nähe einer Moschee auf der südlichen Malabarküste
bemerkte dieser Reisende einen Baum, welcher dem Indischen
Feigenbaum in allen andern Beziehungen ähnlich war, nur waren
dessen Blätter glatt[1]). Er war von einer Mauer umgeben, in
deren Nähe eine Nische oder eine Kapelle errichtet war, vor welcher die frommen Männer zwei Male knieten und Gebete hersagten. Der Baum wurde *dirakhi-aschschâdah*, d. h. Baum des Zeug-
nisses, geheißen. Es wurde berichtet, daß im Herbste von diesem Baume ein Blatt herabfalle, dessen Farbe erst grün war,
allein nachher roth ward; auf ihm soll das Glaubensbekenntniß
der Muslim: es giebt keinen Gott, außer *Allah* und *Muhammed* ist
sein Prophet, geschrieben gewesen sein und mehrere glaubwürdige Personen hatten dem *Ibn Batúta* versichert, es selbst gelesen
zu haben, und daß zur Zeit des Herabfallens solcher Blätter Muselmänner und Verehrer der Indischen Götter sich unter diesen
Baum niedersetzten. Solche Blätter wurden in zwei Theile getheilt; die Muhammedaner eigneten sich den einen zu und der
zweite wurde in dem Schatze aufbewahrt; die Bewohner dieser
Gegend bedienten sich solcher Blätter, um Kranke zu heilen.
Durch das Lesen der Inschrift eines solchen Blattes wurde nach
der Legende der Großvater des Fürsten *Kûbil* veranlaßt, sich

Ebenholze, vom *gumba* oder dem Rosenapfelbaume, von den Orangen,
dem *kalisa* (*kahisa kysbor* Hoss.); vom Pfeffer ebend. IV, p. 76 flg.; vom
bakhun ebend. p. 79 flg., welch es auch hier durch Sappanholz und nicht durch
Brasilianisches Holz wiederzugeben ist; von den Kokos-Palmen IV, p. 113 flg.;
vom *Benzoin* oder Frankinense und dem Kampherbaume ebend. IV, p. 240 flg.
Diese Angaben beziehen sich auf Sumatra; endlich von den Gewürznelken
ebend. IV, p. 243 flg.

1) A. a. O. IV, p. 85 flg. Das oben angeführte Merkmal giebt keine Anleitung, die Gattung dieser Feigenbäume zu bestimmen; dagegen hat nach
oben I, S. 253 der heilige Feigenbaum grüne Blätter.

zum *Islâm* zu bekennen und die dortige Moschee nebst dem dazu
gehörenden Teiche zu erbauen. Nach dem Tode jenes Fürsten
kehrten seine Kinder zum Glauben ihrer Vorfahren zurück und
sein ältester Sohn ließ den Feigenbaum ausgraben, dieser wuchs
jedoch wieder und jener Fürst starb. Es ist klar, daß dieses
eine Dichtung der Muselmänner ist, die sich darauf gründet,
daß die Indischen Feigenbäume eine große Fähigkeit der Wie-
dererzeugung besitzen; es erhellt jedoch aus dieser Legende, daß
die Muhammedaner die Verehrung der heiligen Feigenbäume sich
zueigneten.

Im Zusammenhange mit den Nachrichten von den Indischen
Früchten steht die folgende Mittheilung dieses Schriftstellers.
Durch die fremden Herrscher, die selbst dem Afghanischen Ge-
schlechte der *Lodi* entsprossen waren, und unter deren Beamten
und Kriegern viele in dem östlichen Irân zu Hause waren, war
eine Postanstalt gegründet worden, die auch dazu benutzt wurde,
um Früchte aus *Khordsân* nach Indien zu befördern, weil dieselben von den fremden Machthabern sehr hoch geschätzt wurden[1].
Es waren zwei Arten dieser Beförderung, entweder durch den
Sultânen gehörende Pferde, welche in Entfernungen von vier
Meilen aufgestellt waren, oder durch Boten, von welchen drei auf
jeder Meile gleich weit von einander aufgestellt waren. Ueberall
waren am Ende der Dörfer und Städte drei Zelte für diese Boten aufgeschlagen, in welchen sie sich aufhielten. Diese Post-
boten trugen an ihren Gürteln Peitschen, an deren oberen Enden
eine kleine kupferne Schelle befestigt war. Wenn ein solcher
Courier aus einer Stadt herauskommt, trägt er den Brief zwischen den Fingern der einen Hand, in der andern die Schelle;
er läuft so schnell als er kann. In den Zelten hören die dort
wartenden Boten den Schall der Schelle und machen sich zur
Abreise bereit. Auf diese Art setzen sie ihren Lauf fort, bis
sie ihr Ziel erreicht haben. Die Reitpost wurde auch benutzt,
um die sehr geschätzten Früchte *Khordsân's* nach Indien zu befördern. Durch diese Boten wurden auch Verbrecher nach den
Orten gebracht, wo die Gerichte sich befanden, so wie Wasser
für den Sultan; dieses war aus dem Wasser der von den Indern
heilig gehaltenen *Gangâ* geschöpft und die fremden Herrscher

1) Ebend. a. a. O. III, p. 95 flg. und p. 119.

hatten in diesem Falle dem Aberglauben ihrer Unterthanen sich
angeschlossen. Von den nun *Khordsän* gebrachten Früchten waren getrocknete Trauben und Mandeln die am meisten geschütz-
ten und man konnte keinem Inder ein angenehmeres Geschenk
machen, als ein solches. Um dieses nebenbei zu bemerken, so
beweist jene Einrichtung, dafs die Kaiser aus der Dynastie der
Lodi sich bestrebten, eine geregelte Verwaltung in ihrem Reiche
aufrecht zu erhalten. Die älteste wohl beglaubigte Post ist die
der *Achaemeniden*, welche durch Reiter ihre Befehle durch ihr
grofses Reich beförderten [1]).

Ibn Batúta rühmt, wie die übrigen Arabischen Schriftsteller,
den Reichthum *Serendib's* an Edelsteinen. Am häufigsten fanden
sich dort Rubine und die Einheimischen schätzten am höchsten
die aus den Strömen heraus gesammelten; andere wurden aus Gruben gegraben [2]). Edelsteine fanden sich an den allermeisten Orten dieses Eilandes. Ein Bewohner desselben kaufte ein Stück
Landes, welches er durchgraben liefs, um Edelsteine zu entdecken.
Man findet dort weifse zerklüftete Steine, in deren Innerem Edelsteine verborgen sind; diese wurden den Steinschneidern überlie-
fert, welche sie aus den Steinen herausnahmen und vom Schmutze
reinigten. Aufser den Rubinen gab es dort auch Topaze und
Sapphire. Solche Edelsteine, deren Werth hundert *funam* betrug [3]), behielt der Beherrscher dieser Insel für sich selbst, die
Edelsteine von geringerm Werthe verblieben den Besitzern der
Ländereien. Die Singhalesischen Frauen trugen Edelsteine von
verschiedenen Farben am Halse, an den Armen und an den
Füfsen; die Kebsweiber des Königs aufserdem in ihren Haaren
Kränze von sehr kostbaren Juwelen, welche so grofs wie Hüh-
nereier waren [4]).

_____

1) *Herodotos* VIII, 98. Die Perser nannten den Lauf dieser Postpferde *anga-
reion* und die Pferde *angaroi*.
2) *Ibn Batúta* a. a. O. IV, p. 173 flg.
3) 100 *fanam* == sechs Goldmünzen.
4) Von den Singhalesischen Affen berichtet *Ibn Batúta* a. a. O. IV, p. 175 flg.
mehrere merkwürdige Umstände. Sie lebten in dem Gebirge, waren von
schwarzer Farbe und hatten lange Schwänze; die Männchen hatten Bärte
wie Menschen. Der *Sheikh Othmän* und andere Personen hatten gemeldet,
dafs die dortigen Affen einen Häuptling wählten, welchem sie folgten, als
ob er ihr Beherrscher sei. Er befestigte eine Binde von Blättern auf sei-

Da unser Reisender vermöge seines Glaubens vorzugsweise
mit Muselmännern verkehrte, steht zu erwarten, daß er in der
Regel auch von den Sitten derselben und nicht von denen der
nicht-Muslimischen Inder handeln würde; diese Erwartung bestätigt die Durchmusterung seiner Schrift in dieser Beziehung [1].
Die Benutzung derartiger Nachrichten muß selbstverständlich der
Geschichte der Muhammedaner in Indien vorbehalten bleiben;
dagegen verdienen einige andere Mittheilungen *Ibn Batuta's* hier
berücksichtigt zu werden, weil der im Wesen des *Islâms* tief
wurzelnde Fanatismus nicht verfehlen konnte, auch in Indien
Früchte zu tragen.

In einem am Ufer der *Jamund* gelegenen Dorfe wurde ein
Afghane Namens *K'hatîb* Vorsteher des Dorfes und hatte die benachbarten Dorfbewohner durch seine harten Maßregeln veran-

nem Haupte und stützte sich auf einen Stock. Seine Unterthanen bedienen sich der Stöcke und begleiten ihren Fürsten auf der rechten und
der linken Seite; wenn er sich setzt, bleiben sie hinter ihm aufrecht
stehen. Sein Weibchen und seine Kinder erscheinen täglich vor ihm und
lassen sich vor ihm nieder; die übrigen Affen halten sich in einiger Entfernung und von den vier vornehmsten derselben richtet der eine nach
dem andern an ihn eine Anrede; danach ziehen sie sich zurück. Hierauf
bringt jeder Affe seinem Fürsten eine Banane oder andere Früchte, welche
er, seine Kinder und die vornehmsten Affen essen. Ein *Jogin* oder Büßer
hatte dem Arabischen Reisenden erzählt, daß die vier vornehmsten Affen
einem andern mit Stockschlägen und damit bestraft hätten, daß sie ihm
die Haare ausrissen. Er hatte endlich in Erfahrung gebracht, daß schöne
junge Mädchen von Affen entführt worden und sich nur mit genauer Noth
ihren unzüchtigen Angriffen entziehen konnten. Zur Erläuterung dieses
Berichts mögen folgende Bemerkungen dienen. Von den fünf Gattungen
der Singhalesischen Affen entspricht eine genau der obigen Beschreibung,
indem sie schwarz sind, stark hervortretende Bärte und Backenbärte und
wie alle Affen Schwänze haben; sieh E. Layard's *On the Mammalia and
more remarkable Species of Birds inhabiting Ceylon* im *J. of the A. S.* XX,
p. 153. Diese Affen leben in dem waldreichen Gebirgslande. Da die Affen sehr geil sind, mögen sie nach Angriffe auf schöne Mädchen gemacht
haben; es ist jedoch unglaublich, daß sie, obwar sie sehr nachahmungs-
süchtig sind, eine Art von Staatsverfassung unter sich eingeführt haben
sollten.

1) Z. B. a. n. O. III, p. 98, wo er von den den *Sultánen* bei Audienzen dar-
zubringenden Geschenken spricht; dann ebend. p. 432 flg., wo er die
Beamten, die Diener und die Lebensweise der *Sultáne* beschreibt.

lafst, das Dorf zu belagern[1]). Er verlangte Beistand von einem
Indischen *Ragū* genannten und in *Sultānpūr* residirenden Fürsten;
dieser versagte jedoch seine Hülfe und es blieb dem *Khatîb*
nichts übrig, als mit seiner viel geringern Besatzung die Belagerer zurückzuschlagen. In dem nicht weit entfernten *Aldbūr* fiel
ein wegen seiner Tapferkeit von seinen Glaubensgenossen hoch
gepriesener, allein wegen seiner Grausamkeit gegen sie bei ihnen
sehr verhafster Abyssinier Namens *Bedr* mit seinem Pferde in
einen Graben, wurde von den Indorn angegriffen und mit einem
Gattdrah geheifsenen, einem Pflugschar ähnlichen Schwerte erschlagen[2]). Auf seiner Reise von *Hinaūr*, d. h. *Honavara* oder
Onor nach Süden wurde *Ibn Batūta* nebst seinen Reisegefährten
von den nicht zum *Islām* sich bekennenden Bewohnern des kleinen Eilands *Fākanaūr* angegriffen und ihrer ganzen Habe be-
raubt; sie wurden sodann bei *Kdlikoda* oder Kalikut an's Land
gesetzt[3]). Diese Beispiele reichen hin, um die Ansicht zu recht-

---

1) A. a. O. IV, p. 79 flg.
2) Ebend. IV, p. 31.
3) Ebend. a. a. O. IV, p. 206 flg. Dieser Schriftsteller liefert einen Beitrag
zur Geschichte der *Balldia*-Dynastie IV, p. 195 flg. Der Beherrscher dieses Reichs heifst *Ballāl Diuo*, welches letztere Wort aus *deva* entstellt
sein mafs. Sein Reich gränzte an *Ma'âbar* oder den südlichsten Theil des
Dekhans nach oben S. 131 Note 1. Er gehörte zu den Fürsten Indischer
Abstammung. Seine Armee bestand aus über Hunderttausend Kriegern;
er unterhielt aufserdem etwa zwanzig Tausend Muslim, welche Menschen
schlechter Aufführung oder Verbrecher oder endlich auch Sklaven waren.
Er beabsichtigte die Eroberung der Koromandel-Küste, wo das Muselmännische Heer sich nur auf sechs Tausend Streiter belief, von denen die
Hälfte treffliche Soldaten, die andern jedoch ganz unbrauchbar waren.
Es entspann sich ein Kampf zwischen beiden Armeen in der Nähe der
Stadt *Kabbda*; das feindliche Heer wurde von dem Indischen Könige vollständig geschlagen und mufste sich nach der grofsen und prachtvollen
Hauptstadt *Metrah* (*Madhurd*) retten. *Balldladeva* schlug sein Lager vor
der sehr starken Festung *Kabbda* auf. Er belagerte während zehn Monaten diese starke Feste und schlug zuletzt der hart bedrängten Besatzung
vor, sich zu ergeben, indem er ihr freien Abzug gestatten würde; diese
konnte sich jedoch nicht dazu entschliefsen und richtete ein Schreiben an
den *Sultán Ghijâth-eddîn*, der nach p. 189 früher *Sivig-eddîn* hiefs, *Ma'âber*
der Herrschaft des *Muhammed Toghrul* entrissen und nach seiner Macht-
erlangung diesen Titel angenommen hatte. Sein Schwiegervater *Gelâlt-
eddîn* hatte einen Aufstand hervorgerufen und regierte fünf Jahre; er wurde

fertigen, dafs die Muslimischen Beherrscher Indischer Reiche
durch ihren Fanatismus den Hafs ihrer andersgläubigen Unterthanen hervorriefen.

Der für die Indische Alterthumskunde belangreichste Theil
der Reisebeschreibung des *Ibn Batúta* ist ohne Zweifel sein Bericht von den *Dhibat - almuhat* oder den *Malediven* [1]). Dieser Name
bezeichnet zunächst diejenigen Inseln dieser Gruppe, auf denen

---

nachher getödtet und durch den *Amir 'Ali-eddin Udaigi* ersetzt. Dieser
unternahm zwei erfolgreiche Kriegszüge gegen die Ungläubigen und büfste
bei dem letzten sein Leben ein. Ihm folgte *Kutb-eddin*, der nach vierzig
Tagen erschlagen ward, und diesem *Ghijáth-eddin*; er heirathete die Tooh-
ter des *Sherif Grilál-eddin*, deren Schwester *Ibn Batúta* in Delhi gehoira-
thet hatte. Diese Auflehnung gegen die Macht des Kaisers wird nach
dem Jahre 1338 stattgefunden haben, in dem sich die Koromandel-Küste
von der Herrschaft dieses Kaisers losrifs. Sieh MOUNTSTUART ELPHINSTONE's
The Hist. of India II, p. 62. Dieser Kaiser unterwarf sich zwar in den
folgenden Jahren einen grofsen Theil des Dekhans, nämlich: *Vorangol*
oder *Arungakonda, Drirasamudra* und *Ma'dher* an der Malabar-Küste, sieh
Ferishta bei BRIGGS I, p. 613 und oben S. 156 Note 1; jedoch nicht die
Koromandel-Küste, und hat niemals den Theil des Dekhans im Süden der
Ghát-Llieke beherrscht. *Balládeva* wird ein Nachkömmling der im Jahre
1310 nach oben S. 134 gestürzten Dynastie, der einen Versuch machte,
die verlorene Macht seines Geschlechts wiederherzustellen, und *Grilál-eddin*
ein General des *Muhammed Toghlak* gewesen sein, der es unternahm, sich
ein eigenes Reich im südlichsten Theile des Dekhans zu erobern. Die
starke Festung *Kabbán* dürfte *Kumbhakona* oder *Gangáigondasari* im Gebiet der
Káveri sein. Die hart bedrängte Besatzung derselben erklärte dem *Ghijáth-
eddin*, dafs sie lieber zu Ehren ihres Glaubens sterben, als sich den Ungläubigen ergeben würde. Sie verliefs am nächsten Morgen die Festung,
nachdem sie ihre Turbane an die Hälse der Rosse gebunden hatte; diese
Handlung bedeutet, dafs sie den Tod suchte. Die Belagerer erwarteten
diesen Ausfall nicht und hatten ihre Pferde nach der Weide gesandt; in
diesem Augenblicke erschien *Ghijáth-eddin* mit seinem Hülfsheere und die
Inder wurden vollständig geschlagen und entflohen in wilder Flucht. Dieses Ende hatte der Versuch des *Balládeva*, ein Reich sich zu erobern.
Die Herrschaft des *Ghijáth - eddin* kann nicht von langer Dauer gewesen
sein, weil wir im Jahre 1545 den *Rámrája* oder *Rámráge* im Besitze
seiner ganzen Macht finden und sein Lehnsmann *Vírannájaka* ihm das
Land der *Pándja* wieder unterworfen halte; sieh oben S. 754.
1) Ebend. IV, p. 110 flg. *Dhibat* wird ausgesprochen wie das Femininin, von
dibb, Wolf; es ist gewifs eine Entstellung des Sanskritwortes *dvîpa*, Insel;
mahal ist das Arabische *mahalle*. Aufenthalt, Residenz, besonders eines
Fürsten.

Fürsten residiren, dann durch Uebertragung alle diese Inseln und vermuthlich auch die Lakkediven. *Ibn Batúta* theilt sie in zwölf Gruppen ein, welche er mit dem Worte *Klíma* benennt, welches hier nicht eine Eintheilung der ganzen Erde bezeichnet, sondern auffallender Weise Abtheilungen von Inseln, deren Klima nur geringe Verschiedenheiten darbietet [1]. Die Gesammtzahl dieser Eilande betrug beinahe zwei Tausend und Hundert von ihnen bilden kreisförmige Gruppen; einige von diesen Inseln liegen so dicht bei einander, dafs die Gipfel der Palmen zweier sich beinahe berühren. Die Einfahrt in eine solche Gruppe hat grofse Schwierigkeiten und die fremden Seefahrer mufsten sich deshalb einheimischer Leute bedienen, um diese Schwierigkeiten glücklich bestehen zu können [2].

Diese Eilande erzeugen wenig Kornarten; die einzige dort gedeihende Kornart ist eine Art von Hirse. Ein Hauptnahrungsmittel dieser Insulaner lieferte der dem *Ihrim* ähnliche und dort *kulb-almás* geheifsene kleine Fisch. Sein Fleisch ist roth, nicht fett und ähnelt dem Schaffleische [3]. Diese Fische wurden theils von den Eiländern gekocht und gegessen, theils auf Palmenblättern getrocknet und dann nach Indien, China und Jemen verschifft. Dafs die Kokos-Palme für solche Inseln, wie die Malediven und Lakkediven beschaffen sind, das bei weitem nützlichste Erzeugnifs der Pflanzenwelt ist, weifs man. Die Bewohner nährten sich aufser mit den eben erwähnten Fischen hauptsächlich mit der Milch und dem honigähnlichen Safte der Kokos-Nüsse [4]. Aufserdem gedeihen auf diesen Eilanden der *gambú*- oder Rosenapfelbaum, der Zitronen- und der Orangenbaum, so wie die *Kolokassia*. Aus den Wurzeln dieser Pflanze wurde ein Mehl bereitet,

---

1) Die Namen sind diese: 1) *Pálipur;* 2) *Kannalús;* 3) *Mahal;* 4) *Tehládíb;* 5) *Karáidú;* 6) *Taim;* 7) *Táládummati;* 8) *Hálídummati;* 9) *Baráidú;* 10) *Kandakal;* 11) *Mulák* und 12) *Suaid*. Die letzte ist die höchste. Die Fürsten hiefsen *Kurdíi*.

2) *Ptolemaios* setzte die Zahl dieser zwei Inselgruppen nach oben III, 8. 167 an 1378 an. *Albírúni* theilt sie nach oben 8, 22 nach ihren bemerkenswerthesten Erzeugnissen: *kasch* oder *Kanri*-Moscheln, und *kanbar* oder den *koir* genannten Tauen.

3) *Ibn Batúta* a. a. O. IV, p. 112. Der Name bedeutet *schwarzer Fisch* und den *cobolly masse* der Zoologen.

4) Ebend. a. a. O. IV, p. 113.

welches zu einer Art von *vermicelli* verwendet wurde. Dieses Gericht wurde in Kokos-Milch gekocht und war sehr schmackhaft. Auf den Malediven herrschte auch der Vorderindische Gebrauch, dafs einem Gaste eine in Betel-Blätter eingewickelte Areka-Nufs dargeboten wurde; hier wurde dieser Darbringung Rosenwasser zugesellt [1]).

Die Bekleidung dieser Eiländer ist, wie die der Inder im Allgemeinen, höchst einfach [2]). Sie besteht aus zwei ungenähten Stücken des *ahviljân* genannten Zeuges, welches demjenigen ähnlich ist, welches die Muslim während ihrer Pilgerfahrten anlegen. Das eine Stück wird um die Lenden gewunden und dient als Hose, das zweite bedeckt den Rücken. Sie tragen auf dem Haupte entweder Turbane oder Schnupftücher. Wenn sie vor einem *kadhi*, d. h. Richter, oder einem Priester zu erscheinen haben, heben sie das untere Kleid in die Höhe und entblöfsen den Rücken; sie verharren in diesem Zustande so lange sie in der Gegenwart dieser vornehmen Männer verweilen. Alle, sogar die Adeligen, gehen barfufs einher; dieses Barfufsgehen wird ihnen dadurch erleichtert, dafs die Strafsen gefegt und mit Wasser besprengt werden. Mit dem Anzuge der Frauen hat es diese Bewandtnifs. Die meisten tragen nur ein einziges Kleid, welches vom Nabel bis zur Erde reicht; der übrige Theil des Körpers bleibt unbedeckt. Sogar die Sultânin trägt keine Kopfbedeckung. Sie färben ihre Augenlider jedoch nie. An ihren Armen befestigen sie Ringe und Armbänder von den Fingerspitzen an bis zum Ellenbogen; diese sind meistens aus Silber, nur die vornehmen Frauen besitzen goldene. Nur diese letzteren ziehen mitunter auch Jacken mit kurzen und weiten Aermeln an. Nachdem *Ibn Batûta* Richter geworden war, suchte er es dahin zu bringen, dafs die Frauen, wenigstens wenn sie öffentlich erschienen, mehr Kleider anlegen sollten, konnte jedoch seinen Zweck nicht erreichen.

Wenn ein Mann, der im Begriffe steht, sich zu verheirathen, seine zukünftige Gattin besucht, bedeckt diese den Fufsboden des Hauses von der Thür bis zu ihrer Stube mit baumwollenen

---

1) *Ibn Batûta* a. a. O. IV, p. 138. Ein anderes Beispiel dieser Sitte ist uns oben IV. S. 216 vorgekommen; die Zubereitung heifst jetzt *pân*.

2) *Ibn Batûta* a. a. O. IV, p. 116 flg.

Zeugen und legt auf diese an verschiedenen Stellen eine Anzahl von *kauri.* Sie erwartet ihren Mann an der Thür und wirft zu seinen Füfsen ein Stück Zeug, welches die Diener aufheben. Besucht im Gegentheile die Frau ihren Mann, so verrichtet sie diese Handlung im Hause desselben. An der Thür eines jeden Hauses steht ein mit Wasser gefüllter Krug; der Besucher wäscht mit diesem Wasser seine Füfse und reibt sie mit dem groben, *lif* genannten Zeuge ab [1]). Diese Eiländer sind sehr gastfrei. Wenn von einer benachbarten Insel ein Schiff sich einer andern nähert, segeln die Bewohner der letztern an das herankommende Schiff heran; von der Bemannung des erstern Schiffs bietet ein Mann einem des ankommenden Schiffs Betel an; dieser wird sein Gast und bringt seine Waaren nach dem Hause seines Gastfreundes. Die neuen Ankömmlinge verbinden sich mit einheimischen Frauen oder richtiger Mädchen, indem sie diese nach ihrem Belieben heirathen oder bei ihrer Abreise zurücklassen. Diese Frauenzimmer warten den fremden Männern auf, liefern ihnen ihre Lebensmittel und bereiten sie; sie begnügen sich mit einer sehr geringen Belohnung für ihre Dienste. Zu dieser Gastfreundschaft tragen ohne Zweifel Rücksichten auf den Gewinn des Handels bei [2]).

Was die Wohnungen dieser Insulaner betrifft, so wurden zuerst auf zwei bis drei Ellen langen Hausteinen die Fundamente gelegt. Wegen der Feuchtigkeit des Bodens wurden die Häuser bis zu einer gewissen Höhe aufgeführt. Die Steine werden so gelegt, dafs sie die Fundamente der Mauern und der Wände der Häuser bilden; die letzteren werden mit Kokos-Planken aufgeführt. Diese Eiländer legen bei diesen Bauten eine grofse Geschicklichkeit an den Tag [3]). Vor den Häusern werden *mitlam* ge-

---

1) Dieses Wort bezeichnet das aus den den untern Theil der Stengel der Datteln umhüllenden Fäden gewebte Zeug. Zu oben IV, S. 874 ist nachzutragen, dafs *lif* nach Faxxras u. d. W. entweder eine siebenjährige oder eine dem Immergrün ähnliche Pflanze bezeichne; diese Angaben genügen jedoch nicht, die in jenem Falle gemeinte Pflanze zu ermitteln.

2) *Ibn Batuta* a. a. O. IV. p. 110. Von der Kleinheit dieser Inseln kann man sich aus dem Umstande eine Vorstellung bilden, dafs unser Reisender nach p. 102 eine derselben nur von einem einzigen Weber und seiner Familie bewohnt fand.

3) *Ibn Batuta* a. a. O. IV, p. 117 flg.

nannte Vorhallen mit zwei Thüren gebaut; durch die eine Thür
werden die Fremden eingeführt, durch die zweite gelangt man
in das Innere der Wohnungen. In diesen Vorhallen sitzen die
Besitzer der Häuser und unterhalten sich mit ihren Freunden.
Neben der ersten Stube findet sich ein aus der Rinde der Kokos-
Palme verfertigter, mit Wasser gefüllter Krug; mit diesem Wasser waschen, wie wir gesehen haben, die Besucher ihre Füsse.

Diese Inseln wurden damals von einer *Sultâna* Namens *K'hadigah*, der Tochter des *Sultans Gelâl-eddin 'Omar* und der Enkelin
des *Sultans Shahâb-eddin Shâh* beherrscht [1]. Ihr Vater starb früh
und sein minderjähriger Bruder *Shahâb-eddin* folgte ihm in der
Regierung; sein Vezir *'Abd-allah* hemächtigte sich der Gewalt
über ihn, heirathete seine Mutter und nachher die *K'hadigah* nach
dem Tode ihres Gemahls, des *Gemâl-eddin*. Als *Shahâb-eddin*
das männliche Alter erreicht hatte, vertrieb er seinen Vezir *'Abd-
allah*; bei seinem Tode hinterliefs er keinen erbberechtigten Thron-
erben; es erhielt deshalb die *K'hadigah* die Herrschaft. Sie heirathete ihren Hauspriester *Gemâl-eddin*, welcher seinem Sohne
Muhammed diese Würde verlieh. Er übte thatsächlich die höchste
Gewalt aus, nur liefs er alle Befehle im Namen der *K'hadigah*
veröffentlichen. Auch die Gebete wurden im Namen der Sultânin
in den Moscheen hergesagt. Die Sultânin scheint alle Malediven
beherrscht zu haben, weil überall nur von Veziren die Rede ist.
Die Befehle des Reichsverwesers wurden auf Palmblätter mit
einem spitzen eisernen Griffel eingekritzelt, was überall geschieht,
wo man sich der Palmblätter als eines Schreibmaterials bedient;
nur der Koran und wissenschaftliche Schriften wurden auf Papier
geschrieben [2]. Ihrem Range nach am nächsten stehen die *kâdhi*
oder Richter, welche von dem Volke sehr geschätzt werden [3].
Ihre Urtheile gelten als unumstöfslich und werden von dem auf
einem Teppiche in dem Gerichtssaale sitzenden Richter gesprochen.
Die *kâdhi* erheben für sich Abgaben vom Volke. In diesem
Staate gab es ferner einen Finanzminister oder obersten Einneh-
mer der Steuern, einen Polizeiminister und einen Admiral. Alle

1) *Ibn Batûta* s. a. O. IV, p. 130.
2) Das auf den Malediven gebräuchliche Alphabet ist einem Dekhanischen
nachgebildet. Sieh meine Bemerkungen hierüber oben I, S. 205 Note 2.
3) *Ibn Batûta* s. a. O. IV. p. 134.

diese hohen Staatsbeamten hatten den Titel *vezir* erhalten. Für
die Vorbrecher waren keine besondern Gefängnisse vorhanden,
sondern diese wurden in den zur Aufbewahrung der fremden
Waaren errichteten Magazinen in besondere Zellen von den Ge-
richtsdienern eingesperrt.

Die Bewohner dieser Inseln waren sehr friedfertig und kannten weder Krieg, noch den Gebrauch von Waffen; sie scheuten
sehr das Blutvergiefsen [1]). *Ibn Batúta* befahl, dafs einem Diebe
die rechte Hand abgehauen werden solle; bei der Ausführung
dieses Befehls wurden mehrere der gegenwärtigen Männer ohn-
mächtig. Die Diebe aus Indien sollen diesen Insulanern nichts
gestohlen, noch ihnen Furcht eingeflöfst haben, weil sie angeblich, wenn sie zu stehlen versuchten, von einem Uebel plötzlich
heimgesucht würden. Die nicht zur Muslimischen Religion über-
getretenen Bewohner der Malediven werden wegen des geringsten
Diebstahls auf den Befehl ihres Vorstehers so lange geprügelt,
dafs sie das Stehlen künftig unterlassen.

Aus den vorhergehenden Mittheilungen aus der Reisebeschrei-
bung *des Ibn Batúta* ist es ersichtlich, dafs die Bewohner der in
Rede stehenden Eilande Muhammedaner waren. Von ihrer frü-
hern Religion und ihrer Bekehrung zur Lehre des Arabischen
Propheten hatten ihm mehrere nach seiner Meinung glaubwürdige
Männer, zu denen der Jurist *Ísa Aljamaní* aus der Schule des
'Alí und der *Kádhi 'Abd-Allah* gehörten, folgende Umstände erzählt,
bei denen, wie es in solchen Fällen gewöhnlich ist, der Wahrheit
Dichtungen beigemischt sind [2]). In früherer Zeit erschien ein
Mal jeden Monat ein einem mit Laternen erleuchteten Schiffe
ähnlicher böser Geist; so oft er erschien, brachten diese Insula-
ner eine Jungfrau nach einem am Gestade des Meeres erbauten
Tempel, von dem aus dieser Geist erblickt werden konnte. Die
Jungfrau wurde von ihnen allein zurückgelassen; am nächsten
Morgen fand man sie entjungfert und todt. Später kam nach
diesen Inseln ein Maghrebiner Namens *Abú-lbarikát* und wurde
aufgenommen in dem Hause einer alten Wittwe. Er bemerkte
am Abend, dafs seine Wirthin und ihre Verwandten laut jam-
merten; als er sich nach der Ursache dieses Benehmens bei sei-

---

1) Ebend. a. a. O. IV, p. 114.
2) Ebend. a. a. O. IV, p. 126 flg.

nem Dollmetscher erkundigte, erfuhr er, dafs seine Wirthin nur
eine einzige Tochter habe und dafs diese an der Reihe sei, dem
bösen Geiste gebracht zu werden. *Abú-lbarikát* übernahm aus
Mitleid, nach dem Tempel nebst der Jungfrau gebracht zu werden; was geschah? Der Maghrebiner las hier in dem Koran
und liefs sich dabei nicht stören, als er durch das Fenster den
bösen Geist erblickte; dieser vernahm die heiligen Worte und
stürzte sich erschreckt in's Meer. Am nächsten Morgen entdeckten
die alte Frau, ihre Verwandten und die andern Bewohner der
Insel zu ihrem Erstaunen, dafs die Tochter noch am Leben soi
und dafs der Fremdling noch das heilige Buch lese. Der Fürst
dieses Eilandes, *Shanirdzah*, wurde durch dieses Wunder bewo-
gen, die Religion des Fremden anzunehmen; seine Unterthanen
folgten seinem Beispiele und der Maghrebiner erfreute sich von
da an einer grofsen Verehrung von Seiten der Insulaner. Er erhielt den Auftrag, eine Moschee zu erbauen. Der Sultan bestimmte aus Dankbarkeit den dritten Theil der Steuern zur Un-
terstützung der Reisenden und diese Summe wurde noch später
nach diesem Ereignisse benannt. Die dortigen Moscheen waren
sehr schön und aus Holz gebaut[1]. Da die Vorkommnisse, von
welchen jetzt die Rede ist, längere Zeit vor der Anwesenheit
unsers Reisenden sich zugetragen haben, war es natürlich, dafs
sich eine wunderbare Erzählung von dieser folgenreichen Bege-
benheit gebildet hatte. Um dieses nebenbei zu bemerken, so hat
der hier erwähnte Aberglaube grofse Aehnlichkeit mit dem der
Europäischen Seefahrer, welche mitunter ein der *fliegende Hollän-
der* genanntes Schiff wahrzunehmen wähnen.

Hinsichtlich des Charakters und der Sitten der Maledivier
ist Folgendes zu bemerken[2]. Sie sind schwächlich, aber ehr-

_____

1) Ebend. s. a. O. IV, p. 112. Der alte Aberglaube der Elländer war jedoch
durch ihren Uebertritt zum *Islâm* nicht ganz aus den Gemüthern derselben
verdrängt. Auf seiner Rückreise bemerkte *Ibn Batûta* in einer Nacht, dafs
die Schiffer plötzlich ihr Gebet hersagten und den Koran auf ihre Köpfe
legten, während die Franen mit den kupfernen Gefäfsen Lärm machten.
Auf seine Frage nach der Ursache dieses Benehmens wurde er belehrt,
dafs es der böse Geist sei, der jeden Monat ein Mal aus dem Meere sich
erhebe, jedoch durch jene Vorkehrungen harmlos werde. Als *Ibn Batûta*
sich umsah, erblickte er die Gestalt eines grofsen Schiffes.
2) Ebend. a. a. O. IV, p. 113 flg. und p. 121 flg.

lich, festen Willens und sehr gläubig. Sie sind sehr reinlich
und wegen der Hitze waschen sich die Meisten zwei Mal täglich;
sie salben ihren Körper mit wohlriechenden Oelen, welches auch
bei den vornehmen Bewohnern Vorderindiens Sitte ist. In ihren
ehelichen Verhältnissen waltet keine große Strenge ob. Die
Trauung beschränkt sich in der Regel darauf, daß die Männer
das Muselmännische Glaubensbekenntniß hersagen und der Frau
ein durch einen Vertrag festgesetztes Geschenk darbringen. Dienerinnen vermiethen sich höchstens für fünf Goldmünzen und
werden von den Miethern unterhalten; reiche Männer unterhalten
wohl zehn bis zwölf. Die Töchter betrachten einen solchen Dienst
nicht als verunehrend; eine Bemerkung, die sich darauf bezieht,
daß bei den Muslim die Dienerinnen gewöhnlich geerbte oder
gekaufte Sklavinnen sind. Sie müssen die von ihnen entzwei
geschlagenen Gefäße ersetzen und können, wenn sie nicht die
Mittel dazu selbst besitzen, Dienst bei einem andern Herrn nehmen, welcher dem frühern Miether diese Schuld abträgt. Ihre
Hauptbeschäftigung ist, die *kanbar* oder *koir* genannten Taue zu
verfertigen. Die fremden Seefahrer und Kaufleute können, wie
wir gesehen haben [1]), für die Zeit ihres Aufenthalts auf einer
andern Insel sich mit Mädchen der von ihnen Besuchten verbinden.
Die Maledivischen Frauen verlassen nie ihre Heimat und über-
lassen keiner andern Person die Pflege ihrer Gatten; sie warten
ihnen bei ihren Mahlzeiten auf; sie essen erst, nachdem diese
gegessen haben. Auf den Malediven herrscht, wie in allen Mu-
hammedanischen Ländern, Vielweiberei.

Die Lage dieser Inseln sowohl als ihre Erzeugnisse mußten
zur nothwendigen Folge haben, daß ihre Bewohner sich außer
der Fischerei vorzüglich mit dem Handel beschäftigten. Die
wichtigsten Ausfuhrartikel sind diese: Kokos-Balken und *kanbar*
oder *koir*, d. h. die starken Stricke, welche aus den Fibern der
Rinde und vorzüglich aus den Fasern der Nußschalen gesponnen
werden [2]); *kauri*, d. h. die Muscheln, welche in vielen Theilen

---

1) Sieh oben S. 40.

2) Nach *Ibn Batūta* a. a. O. IV. p. 121 werden die Fibern und Fasern in
am Meeresufer gegrabene Gruben gelegt und dann mit Piken mürbe geschlagen: sie werden dann gesponnen und dienen die Planken der Schiffe
zusammenzubinden, gewiß auch als Taue. Sie werden nach Indien und
Jemen ausgeführt.

Indiens als Scheidemünze gelten; ferner die oben erwähnten ge-
trockneten kleinen Fische[1]); ob auch Sandelholz und Sandelöl,
ist zweifelhaft, jedoch wahrscheinlich, weil Sandelbäume auf den
Malediven wachsen. Als Münze galten damals schon die kleinen
Muscheln, welche in der Sprache der Maledivier *sjáh* genannt
und aus den am Ufer gegrabenen Gruben gesammelt werden.
Das molluskenähnliche Fleisch derselben verzehrt sich an der
Luft und es bleiben nur die weifsen Schalen übrig. Sieben Hundert solche Muscheln werden *fál*, zwölf Tausend *kotta* und Hundert Tausend *bostú* geheifsen; vier Tausend *bostú* haben in der
Regel den Werth eines goldenen *dinár's*[2]). Die Einheimischen
kauften mit diesen Stellvertretern metallener Münzen von den
Bengalesen Reis und verkauften sie an die Seefahrer aus Jemen,
welche sie als Ballast gebrauchten. Von Jemen aus brachten die
Araber die *kauri* zu den Negern in Afrika, welche sie höher
schätzten als die Maledivier, indem sie einen goldenen *dinár* für
950 *kauri* gaben. In dem Maledivischen Reiche war ein *bander*
genanntes Zollgesetz eingeführt, kraft dessen die Regierung einen
gewissen Theil der Ladung eines fremden Kauffartheifahrers für
einen bestimmten Preis ankaufen liefs[3]). Auf jeder Insel fand

---

1) Sieh oben S. 38.

2) Ueber den Namen *fanam*, der uns schon oben IV, S. 983 begegnet
ist, habe ich Folgendes nachzutragen. Die Nachweisungen über diese
Münze finden sich in Francis Duchanan's *A Journey from Madras* etc. I,
p. 210, p. 339 und III, p. 25. Der Name bezeichnet sowohl eine goldene,
als eine silberne Münze, deren Werth in den verschiedenen Theilen des
Dekhan's wechselt. Die goldene, *Suliduí panam* oder *fanam* geheifsene,
Münze ist = 0,2335 *Rupien*, die *Viravúfa* ist = 20,2723 R., die *Gopudi*
= 0,225; die silberne, *Maaluxí* genannte doppelte von Madras ist=0,1483 R.,
die einfache == 0,0740. Auf der Malabar-Küste besitzt die goldene, *Sul-
tduí*, *Kanterírága* oder *Ikari* genannte *fanam* den Werth einer halben und
die von dem Piraten von *Kúrg* geprägte, *Viravúfa* geheifsene den von
einer Viertel-*Rupie*. Die in *Surat* im Umlaufe seienden Silber-*Rupien*
haben den Werth von 5¼, so wie auch die von der Ostindischen Com-
pagnie geprägten, während diese Münze von den Steuereinnehmern für
fanam berechnet wird. Da aber eine goldene *Rupie* den Werth von etwa
1 Thlr. und die silberne den von 8 bis 10 Gr. hat, so erhellt, dafs es nicht
thunlich ist, den Werth eines *fanam* zu bestimmen, wenn nicht bemerkt
ist, von welchem Theile des Dekhan's die Rede ist und ob es goldene
oder silberne *fanam* sind.

3) *Ibn Batúta* a. a. O. IV, p. 120.

sich ein besonderes Gebäude, in welchem diese Waaren aufbewahrt wurden, und der Statthalter besorgte den Verkauf oder den
Umtausch derselben. Die Maledivier bezahlten mit Hühnern die
ihnen aus der Fremde gebrachten Töpferwaaren, und zwar in
der Weise, dafs sie für einen Topf fünf oder sechs Hühner gaben.
Wenn ich mich entschlossen habe, den Bericht des *Ibn Batûta*
von den *Dhibat-almahal* ziemlich vollständig meinen Lesern vorzulegen, so bin ich dabei von der Erwägung geleitet worden,
dafs wir aus jener Zeit keine so genaue Darstellung der Verfas-
sung und der Sitten eines Inselvolks besitzen, dessen Zustände
durch die Annahme des *Islâm* von demselben in mehrern Punkten verbessert worden sind, obgleich sich mehrere Ueberreste
seines ältern Zustandes erhalten haben. Auf eine so ausführliche
Benutzung kann die zunächst zu Rathe zu ziehende Schrift keine
Ansprüche machen. Ihr Inhalt weicht darin von allen früher benutzten Arabischen Schriften ab, dafs sie uns von dem Gebiete
der weltlichen Thätigkeit zu dem der geistigen Bestrebungen der
Menschen hinüberführt. Diese Schrift ist betitelt: *Kitâb-al-milal
wan-nihal*, d. h. *Buch der Religionsparteien und der Philosophenschu-
'len*, und hat zum Verfasser den *Abû-l-Fath Muhammed Abû-l-
Kâsim 'Abd-al-Karîm Ibn-Abû-Bakr Ahmed asch-Sharastâni*[1]). Er
ist in der Stadt *Shahrastân* in Khorâsân in der Nähe der Persischen Wüste 1086 geboren, erwarb sich eine gründliche Kenntnifs der Philosophie und der Rechtswissenschaft, und begab sich
1116 nach *Baghdâd*; er kehrte später nach seiner Geburtsstadt
zurück, wo er 1153 oder 1154 starb. Er hat ziemlich viele
Werke geschrieben, deren Aufzählung hier am unrechten Platze
sein würde. Aufser seiner Schrift sind aufserdem noch zwei bei
dieser Gelegenheit zu Rathe zu ziehen, nämlich die um 947 verfafste, schon früher benutzte *Kitâb-al feist*, aus der *Sharastâni*
mehrere Nachrichten geschöpft hat, und die Schrift eines nicht

---

1) Sieh die Nachweisung von THEODOR HAARBRÜCKER in seiner Uebersetzung
p. IX fg. Diese ist betitelt: *Abu-'l-Fath Muhammed asch-Sharastâni's Re-
ligionspartheien und Philosophenschulen. Zum ersten Male vollständig aus dem
Arabischen übersetzt und mit erklärenden Anmerkungen versehen von Dr. THEO-
DOR HAARBRÜCKER, Privatdocent der morgenländischen Litteratur an der Uni-
versität Halle, Mitglied der D. M. Gesellschaft. 2 Theile. Halle 1850 und
1851. Der Titel der Ausgabe des Textes von WILLIAM CURETON ist oben
S. 24 Note 1 mitgetheilt worden.*

namhaft gemachten Arabern, der während der Regierung des *Mahmûd* von Ghazna eine Schilderung der religiösen Ansichten der Indier niederschrieb [1]).

Für die Erforschung der Indischen Religionen und philosophischen Schulen besitzt das Buch *Sharistâni's* im Allgemeinen mehr eine negative, als eine positive Bedeutung, indem es zu dem früher Bekannten nur wenig Neues hinzufügt und das Bekannte weder genau, noch vollständig darstellt. Wir ersehen aus dieser Schrift, daß es einem Muhammedaner auch mit dem besten Willen höchst schwierig wurde, einen klaren Begriff von den religiösen und philosophischen Ansichten der Inder sich zu verschaffen.

Schon die Einleitung zu dem dritten Buche beweist diese Behauptung [2]). Er behauptet nämlich, daß die *Araber* und die *Inder*, einem Lehrsystem anhängend, sich näher stehen. Es genügt, um die Unhaltbarkeit dieser Ansicht zu erhärten, daran zu erinnern, daß es kaum zwei verschiedenere Religionen geben könne, als der *Islâm* einerseits und die Brahmanische und die Buddhistische andererseits, und daran, daß wenigstens zwischen den Neu-Platonikern und den Indischen Philosophen unverkennbare Uebereinstimmungen sich nachweisen lassen [3]). Auch *Sharistâni's* Eintheilung der Indischen Religionen und Sekten läßt sich mit dem wirklichen Thatbestande nicht vereinbaren [4]). Die erste Abtheilung begreift die *Brahmanen*, von denen die *Buddhisten* eine Unterabtheilung sind, ebenso die *Anhänger des Denkens und der Einbildung* und *Männer des Wissens*, von welchen die ersten nach der Darstellung ihrer Lehre von diesem Verfasser astrologischen Grundsätzen huldigen; die *Männer des Wissens* bilden eine eigenthümliche Sekte; endlich die *Tandsukh*, d. h. die *Anhänger der Seelenwanderung*. Von dieser Abtheilung wird bemerkt, daß einige sich zum *Materialismus* neigen, andere sich zu der Lehre von den *zwei Principien*, andere endlich zur Religionsgemeinschaft des *Ibrâhim* oder *Abraham*, deren Lehren und Methode aber mit denen

1) Auszüge aus dieser Schrift theilt Reinaud, *Mémoire* etc. *sur l'Inde* p. 291 flg. mit.
2) Bei William Cureton a. a. O. p. 439 flg. und bei Theodor Haarbrücker a. a. O. II, S. 333 flg.
3) Sieh die Nachweisungen hierüber oben III, S. 415 flg.
4) II, 2, a. a. O. bei William Cureton p. 441 flg. und bei Th. Haarbrücker a. a. O. II. S. 351 flg.

der *Sabier* vielfach zusammenhangen. Um vorläufig bei dieser
Aufzählung stehen zu bleiben, so ist es klar, dafs hier sehr verschiedene Lehrsysteme zusammengeworfen worden sind. Der
Buddhaismus bildet bekanntlich einen Gegensatz zum Brahmanis-
mus; unter den Materialisten können nur die *Lokâjata* oder *Kârvâka*
verstanden werden, welche zur materialistischen Lehre sich bekennen [1], jedoch von den Brahmanen als eine heterodoxe Sekte
verachtet werden. Die Anhänger der Lehre von den zwei Principien sind solche, die den Gegensatz von *Licht* und *Finsternifs*
behaupten; diese Lehre läfst sich nur in dem spätern Buddhaismus nachweisen, ist daher keine Brahmanische [2]. Wenn sich
auch einige Verwandtschaften zwischen dem Mosaischen und dem
Indischen, wie z. B. in dem Ehegesetze, nachweisen lassen [3], so
sind doch die Lehren der Juden und der Inder zu verschieden,
als dafs an eine Hinneigung der Inder zu den Juden gedacht
werden könne. Die Lehre von der Seelenwanderung ist eine so
allgemein Indische, dafs es unpassend ist, die Vertreter derselben als eine besondere Unterabtheilung der Brahmanen darzu-
stellen, wie es *Sharistâni* gethan hat.

Die vier übrigen Abtheilungen der Indischen Religionsparteien und philosophischen Schulen haben bei ihm folgende Benennungen: die *Anhänger der geistigen Wesen*, mit welchem Namen
er die *Vishnuitische* und *Çivaitische Sekte* bezeichnet; die *Anhänger
der Behausungen* sind Verehrer der Sonne und des Mondes und
sind so benannt worden, weil diese Gestirne als die Sitze dieser
zwei Gottheiten betrachtet werden; die Anhänger der *Götzenbilder*
sind theils Anbeter des *Çiva* in seiner Gestalt als *Mahâkâla* und
seiner Gattin, theils des *Wassers* und des *Feuers*; die fünfte Abtheilung enthält endlich die *philosophischen Schulen* [4]. Dieser letzte
Abschnitt ist ganz werthlos, weil *Sharistâni* die Verbreitung der
Philosophie in Indien dem durch seine Beziehungen mit Alexander dem Grofsen berühmt gewordenen Brahmanischen Büsser

---

1) Sieh hierüber oben III, S. 691.
2) Sieh hierüber oben III, S. 409.
3) Diese Uebereinstimmungen sind dargethan worden in *Jus Matrimonii ve-
terum Indorum cum eodem Hebraeorum subinde comparatum.* Henrici Kalthoff
Wesifal. Dissertatio. Bonnae MDCCCXXIX.
4) Bei William Cureton a. a. O. p. 433 und bei Th. Haarbrücker a. a. O.
II, p. 363.

Kolanos zuschreibt, den er als einen Schüler des *Pythagoras* darstellt [1]).

In seinem Berichte von den *Brahmanen* dreht sich das Ganze
darum, zu beweisen, warum *Barhâm*, von welchem Menschen die
Indischen Priester abstammen sollen, es geläugnet habe, dafs die
prophetischen Gaben einem Menschen zu Theil werden [2]). Diese
Ansicht ist allerdings richtig, indem die Indischen Priester ihre
religiösen Lehren nicht auf einen einzigen Menschen zurückführ-
ren, sondern auf viele heilige Männer der Vorzeit.

Etwas besser bestellt ist es mit *Sharistâni's* Angaben von den
Buddhisten, obwohl dieso sehr unvollständig sind. Er stellt richtig den ersten wirklichen *Buddha* als eine in der Welt erschie-
nene Persönlichkeit dar, deren Name ('âkjamuni nicht *der hohe
Herr*, sondern bekanntlich der heilige Mann unter den (*âkja* [3])
bedeutet.

Es ist ihm bekannt geworden, dafs die Buddhisten sieben
Buddha annehmen, welche in verschiedenen königlichen Familien
geboren sind und den Menschen die Weltweisheit mitgetheilt haben [4]). Er berichtet ferner der Wahrheit gemäfs, dafs die *Bodhisattva*
eine niedrigere Stufe einnehmen, zu welcher die Menschen nur
durch Geduld, Almosengeben und das Streben nach demjenigen

---

1) Bei WILLIAM CURETON a. a. O. p. 454 fg. und bei Th. HAARBRÜCKER a. a. O.
II, p. 363 fg. *Sharistâni* behauptet auserdem, dafs die Unterhaltungen
Alexanders des Grofsen mit den Brahmanen in den Schriften des Aristoteles enthalten seien. Ueber *Kolanos* sieh oben II, S. 606 nebst Note I
und III, S. 51 Note I.

2) Bei WILLIAM CURETON a. a. O. p. 343 und bei Th. HAARBRÜCKER a. a. O.
II, S. 355 fg. *Barhâm* ist eine deutliche Entstellung von *brahman*, welches Wort im Masculinum den Gott *Brahmá* und im Neutrum die Priester-
kaste, ihre Wissenschaft und das Göttliche bezeichnet.

3) Bei WILLIAM CURETON a. a. O. p. 416 fg. und bei Th. HAARBRÜCKER a. a. O.
II, S. 356 fg. *Sharistâni* setzt das Auftreten Buddha's 5000 vor der Higra an, was, wie man leicht sieht, ganz falsch ist; auch irrt er, wenn
er von dem historischen Buddha meldet, dafs er kein Weib berühre, nicht
esse, nicht trinke, nicht alt werde und nicht sterbe.

4) Ueber die sieben Buddha sieh oben III, S. 514 Note 3, wo ihre Namen
mitgetheilt worden sind. *Sharistâni* sagt, dafs es so viele Buddha gebe,
als Gangâ, wofür es richtiger gewesen wäre, sieben verschmäzte Ströme
zu setzen, weil diese Vorstellung nach oben I, S. 813 eine alte bei den
Indern ist.

gelangen, welches zu erreichen Pflicht ist; ferner durch Enthaltsamkeit und Entfernung von den Lockungen der Welt und ihren
Reizen, endlich durch Barmherzigkeit, Schonung der Geschöpfe
und Unterlassung der zehn Vergehen. Diese sind: Tödtung
von Lebendigem; Erlaubthalten von Besitzthümern des Menschen;
Buhlerei; Lüge; Verleumdung; unzüchtige Reden; Schmähungen;
Beschimpfung des Namens; Thorheit und Läugnung des Lohnes
einer andern Welt[1]). Diesen zehn Vorboten stehen eben so viele
Tugenden gegenüber, nämlich: Güte und Edelmuth; Abstehen
vom Erregen der Zwietracht und Ueberwindung des Zornes
durch Langmuth; Enthaltsamkeit von den weltlichen Begierden;
Denken auf Beseitigung dieser vergänglichen Welt und auf jene
fortbestehende Welt; Ausbildung der Vernunft durch Wissen und
vielfaches Hinblicken auf die Folgen der Dinge; Kraft zur Lei-
tung der Seele bei dem Erstreben der höhern Dinge; Milde des
Wortes und freundliches Reden mit Jedermann; Güte des Um-
gangs mit den Brüdern, durch welche man den freien Willen
derselben mehr ehrt, als seinen eigenen; Abwendung von den
erschaffenen Dingen und Hinwenden zur Wahrheit im Allgemeinen; endlich Hingabe der Seele an solche Bestrebungen, welche
die Liebe zur Wahrheit und das Gelangen zur Majestät betreffen.
In Beziehung auf diese Aufzählung der zehn Tugenden genügt
es, daran zu erinnern, daß die *daçaçila* oder zehn Vorschriften
nicht für die tugendhaften Laien, sondern nur für die Priester

---

1) Diese zehn Verbote werden auch oben S. 281 Note ? von den südlichen
Buddhisten *daçakuçala* und von den nördlichen *daçakliça* genannt. Nach
C. Fr. Köppen's *Die Religion Buddha's und ihre Entstehung* S. 444 nehmen
die Buddhisten *fünf grosse Verbote* und zehn Arten von Sünden (*dushkuça-
ritra*) an. Die ersten sind: 1) nichts zu tödten was Leben hat; 2) nicht
zu stehlen; 3) keine Unkeuschheit zu begehen; 4) sich keiner Unwahrheit
schuldig zu machen; 5) keine berauschenden Getränke zu trinken. Die
zweiten sind diese: 1) Tödten eines Lebendigen; 2) Diebstahl; 3) Un-
zucht und Hurerei, diese sind Sünden des Körpers; 4) Lüge; 5) Verleumdung; 6) Flach- und Schmähworte; 7) unreines und unnützes Geschwätz,
diese sind Sünden der Rede; 8) Begehrlichkeit und Habsucht; 9) Bosheit,
Neid, Zorn, Rachsucht u. s. w.; 10) schlechte Ansichten, Aberglaube,
Zweifelsucht, Ketzerei; diese sind Sünden des Gemüths. Es erhellt aus
dieser Zusammenstellung, daß *Shoriputri* ziemlich genau diese Verbote
aufgezählt habe.

gelten, und dafs für jene nur *sechs* Kardinal-Tugenden vorgeschrieben werden [1]).

Von den übrigem, von *Sharistáni* zur ersten Abtheilung ge-
zählten Indischen religiösen Sekten braucht hier nur eine einzige
hervorgehoben zu werden, nämlich diejenige, deren Benennung
in der heiligen Sprache der Brahmanen vermuthlich *Vagrabandhija*
lautete, d. h. diejenigon, welche ihren Körper von der Mitte bis
zur Brust mit Stahl umbinden [2]). Der Zweck dieser Handlung
war, dafs der Leib nicht von der Menge des Wissens, der Kraft
der Einbildung und der Gewalt des Denkens zerplatze. Die Anhänger dieser Sekte schoren die Köpfe und die Bärte und ent-
blöfsten ihre Körper bis zu den Schamtheilen. Sie verkehrten
mit keinem andern Menschen; sie liefsen keine Mitglieder zu,
welche nicht die genügenden Proben der Wahrheitsliebe und der
Demuth abgelegt und einen gewissen Grad der Vollkommenheit
erreicht hatten. Es war ohne Zweifel eine Art von *Jogin*, welche
durch äufsere Mittel ihre Körper zu bändigen und dadurch die
höchste Vollkommenheit zu erreichen wähnten [3]).

1) Von den *daçoçlia* haben ausführlich gehandelt BURNOUF *Le Lotus de la
bonne Loi* p. 490 flg. und H. SPENCE HARDY *A Manual of Buddhism* p. 480.
Es sind diese: 1) Nicht-Tödten lebendiger Wesen; 2) Nicht-Annahme nicht
gegebener Dinge; 3) Keuschheit; 4) Wahrheitsliebe; 5) Nicht-Trinken be-
rauschender Getränke; 6) Nicht-Essen von substantiellen Speisen am Mit-
tage; 7) Nicht-Besuch musikalischer Aufführungen; 8) Nicht-Tragen von
Blumen und Nicht-Salben des Körpers mit Salben und Oelen; 9) das Nicht-
Ruhen auf höheren Sitzen und Lagern, als vorgeschrieben ist; 10) Nicht-
Annahme von Gold und Silber. Die sechs *Kardinal-Tugenden* sind nach
C. FR. KÖPPEN a. a. O. S. 419 flg. diese: 1) Mitleid im ausgedehntesten
Sinne dieses Ausdrucks, so dafs es Almosengeben, Nicht-Tödten von le-
benden Wesen, Aufopferung zum Wohle der Mitmenschen u. s. w. ein-
schliefst; 2) Unterdrücken der Leidenschaften und der Begierden und da-
durch Befreiung von Lastern; 3) Geduld und dadurch Befreiung von Stolz,
Anmafsung u. s. w.; 4) Muth und Energie und dadurch Befreiung von
Trägheit; 5) Beschaulichkeit, durch welche Flatterhaftigkeit beseitigt wird,
endlich 6) Weisheit, durch welche irrige Ansichten entfernt werden.
2) Bei WILLIAM CURETON a. a. O. p. 444 und bei TH. HAARBRÜCKER a. a. O.
II, S. 301 flg. Der Name wird in den Handschriften *Bahrabandja* geschrieben, wofür *Nahrabandja* vermuthet werden kann, welcher auf den
obigen sich zurückführen läfst. Der Bericht von dieser Sekte in dem *Kitáb-elfhrist* findet sich in REINAUD's *Mémoire* etc. p. 293.
3) Der Verfasser des *Kitáb-elfhrist* gedenkt ebend. p. 294 einer andern In-

Die zweite von *Sharistâni* aufgezählte Abtheilung Indischer Sekten enthält theils *Vaishnava*, theils *Çaira*[1]). Von der ersten Sekte erfahren wir nur, daß sie glauben, ihr Gott erscheine von Zeit zu Zeit in menschlicher Gestalt, um den Menschen die Verehrung des Feuers zu gebieten, das Tödten von andern als Opferthieren zu untersagen, und sie über die richtige Art der Gottesverehrung und den rechten Lebenswandel zu belehren. Dieses ist, wie man sieht, eine sehr dürftige Darstellung der Lehre von den *avatâra* oder *Epiphanien l'ishnu's*, der übrigens nicht immer in menschlicher Gestalt, sondern auch als Fisch, Schildkröte u. s. w. sich verkörperte und bei dessen Opfern keine Thiere geschlachtet werden. *Shariutâni* beschreibt genau die Gestalt und die Symbole *Çiva's*; der diesem Gotte verliehene Name *Bhhuvadih* ist sonst unbekannt[2]). Von den *Kdbaitja*, d. h. den *Kdpâlija*, die gewöhnlicher *Kdpâlika* geheißen werden, entwirft er folgende getreue Schilderung. Sie bestreichen ihre Körper mit Asche; auf ihren Köpfen tragen sie spitze, drei Spannen breite und von Stücken von Menschenschädeln umgebene Mützen von rother Wolle; ihr ganzer Körper ist mit Schädeln geziert, so wie ihre Armbänder, Ringe und Gürtel; sie gehen nackt einher[3]).

Eine eigenthümliche, in den einheimischen Schriften bis jetzt noch nicht nachgewiesene Sekte ist die der *Bahâdînija*, von welcher folgende Umstände gemeldet werden. *Bahâdûn* war ein großer Engel, d. h. Gott, der den Menschen in der Gestalt eines großen Menschen erschien und zwei Brüder hatte, welche ihn tödteten und aus seiner Haut die Erde, aus seinen Knochen die

---

dischen Sekte, welche die irdischen Herrscher verehrte, indem sie glaubte, daß sich die Gottheit in ihnen verkörpere und daß, wenn man die Gunst der Könige besitze, man das Paradies erlangen würde. Ein Beherrscher Arachosiens hatte um 871 sich auf seinem Throne von seinen Unterthanen als einen Gott anbeten lassen.

1) Bei WILLIAM CURTON a. a. O. p. 450 flg. und bei TH. HAARBRÜCKER a. a. O. II, S. 363 flg.

2) TH. HAARBRÜCKER vermuthet a. a. O. II, S. 364 in ihm den Namen Çiva's *Paçupati*; es liegt näher, an *Bâhubadh*, d. h. durch seine Arme (die bösen Geister) tödtend, zu denken.

3) *Shariutâni* läßt den Gott in dieser Gestalt seinen Anhängern erscheinen und befehlen, sich nach seiner Weise zu kleiden. Die Beschreibungen der *Kdpâlika* in *Hiuen Thsang* sind oben III, S. 691 u. S. 881 mitgetheilt.

Berge und aus seinem Blute das Meer bildeten [1]). Man sagt, es sei ein Räthsel, denn sonst würde der Bestand der menschlichen Gestalt nicht bis zu diesem Grade ausgereicht haben. Der Gestalt nach ruhte *Bahddim* auf einem Reitthiere und hatte viele Haare, welche theils auf seinem Gesichte, theils auf beiden Seiten seines Kopfes und vorn und hinten über denselben herabhingen. Er gebot den Menschen, dasselbe zu thun, und gab ihnen die Vorschrift, keinen Wein zu trinken und, wenn ein Weib sie suche, zu entfliehen und nach dem *Gûrân* genannten Berge zu wallfahrten, auf dem ein grofser Tempel stand. In diesem fand sich ein Bild *Bahddûn's*, und er wurde von Thürhütern bewacht, in deren Händen der Schlüssel allein war, so dafs seine Verehrer nur mit ihrer Erlaubnifs dahin gelangen konnten; wenn diese die Thür geöffnet hatten, schlossen sie ihren Mund, damit ihr Hauch nicht zu dem Götterbilde gelangen sollte. *Bahddûn* hatte befohlen, dafs ihm Thiere geschlachtet und Opfergaben dargebracht werden sollten, und dafs seine Anbeter, wenn sie von ihrer Pilgerfahrt zurückkehrten, keine bewohnte Gegend berühren und keinem Menschen etwas Böses oder Schädliches durch Wort oder That zufügen dürften.

Es mufs dahingestellt bleiben, ob in einem *Çiraitischen Purâna* eine Legende sich finde, in welcher die Schöpfung auf die obige Art dargestellt wird; dafs unter dem Namen *Bahddûn Çiva* zu verstehen sei, ergiebt sich daraus, dafs dieser Gott mit reichem Haarwuchse dargestellt wird; auf ihn pafst auch der Umstand, dafs dieser Gottheit Thieropfer dargebracht wurden [2]). In der einheimischen Legende werden *Brahmâ* und *Vishnu* ihren sogenannten Bruder nicht getödtet, sondern aufgefordert haben, sich aufzuopfern, um die Welt zu erschaffen. Aehnliche Parallelismen zwischen dem Weltall und dem höchsten Gotte lassen sich in Vedischen Schriften nachweisen [3]).

<hr />

1) Bei WILLIAM CURETON a. a. O. p. 451 und bei TW. HAARBRÜCKER a. a. O. II, S. 365.

2) Der Name *Bahddûn* erinnert an den Namen *Çiva's Bhadra*; dem *Shoristâni* lag es nahe, an das Arabische *bahd*, Kraft, Stärke, zu denken.

3) So wird z. B. in dem *Brihad-Áranjaka* I, 2 in der Ausgabe von E. RÖER p. 9 des Schöpfers Rücken mit dem Himmel, seine Brust mit der Erde u. s. w. verglichen. Wo der Berg *Gûrân* zu suchen sei, entgeht mir.

Von der dritten Abtheilung der Indischen religiösen Sekten gedenkt unser Verfasser nur zweier, nämlich der Verehrer der *Sonne* und des *Mondes.* Die ersten werden *Dinakitija* geheißen, wofür *Dinakritija* zu verbessern ist — *Dinakrit* ist nämlich eine andere Gestalt des Namens *Dinakara,* eigentlich Tagesmacher —[1]). Sie glaubten, daß die Sonne mit Seele und Vernunft begabt sei, daß von ihr das Licht der Gestirne und die Erleuchtung der Welt hervorgehen und die niedern Existenzen herrühren. Dieser Gott wurde dargestellt mit einem feuerrothen Edelsteine in der einen Hand. Seinem Tempel waren Aecker und Städte geweiht und seine Verehrer brachten ihm drei Mal täglich ihre Verehrung dar. Die Kranken und Schwachen kamen dahin, um durch Anbeten und Fasten geheilt und gestärkt zu werden. Dieser Tempel wird der berühmte in *Multân* sein, von dem Aehnliches erzählt wird, und es gab auch eine Sekte der *Saurja,* welche die ideelle Sonne verehrte[2]).

Neu ist die Beschreibung der *Kandrakija,* der Verehrer des Mondgottes, welcher als Leiter der niedern Welt und ihrer Angelegenheiten, als Bewirker der Reife und der Entwickelung der Dinge galt; er folgt der Sonne und empfängt von ihr sein Licht. Sein Bild hatte die Gestalt eines Kalbes, welches kaum richtig ist. Diesem Gotte wurden besondere Feste gefeiert[3]).

Die vierte der fünf von *Sharistâni* aufgestellten Abtheilungen

---

1) Bei WILLIAM CURETON a. a. O. p. 451 und bei TH. HAARBRÜCKER a. a. O. II, S. 366.

2) Ueber den Tempel in *Multân* sieh oben II, S. 778 und III, S. 645, und über diese Abtheilung der *Saurja* IV, S. 604.

3) Der Mondgott wird sonst dargestellt in menschlicher Gestalt, auf einem von einer Gazelle gezogenen Wagen sitzend. Die Vorstellung, daß *Soma* die Fruchtbarkeit und Reife bewirke, ist Indisch; sieh oben I, S. 765 und *Bhag. Gîtâ* XV, 13, wo *Krishna* sagt: „Die Erde durchdringend erhalte ich alle Geschöpfe durch meine Kraft, und nähre alle Pflanzen, der mit Saft begabte *Soma* werdend." Nach dem Verfasser des *Kitâb-alfirist* bei REINAUD a. a. O. p. 393 wurde der Wagen *Kandra*'s von vier Gänsen gezogen und seine Statue hielt in der Hand einen Edelstein, welcher nicht *Kandragupta,* sondern *Kandrakânta,* d. h. vom Monde geliebt, hieß, und von dem geglaubt wurde, daß er aus den Strahlen des Mondes gebildet sei und bei Mondschein glänze und eine Feuchtigkeit ausschwitze. *Sharistâni* beschreibt ziemlich genau das oben erwähnte *Kandrâjana* genannte Fasten.

der Indischen religiösen Sekten umfafst die *Anbeter von Götzen-bildern*, wobei er jedoch übersieht, dafs auch z. B. die Verehrer des *Sûrja* und des *Kandra* Götterbilder verehren. Diese Anbe-tung rechtfertigen ihre Verüber durch die Erklärung, dafs sie die Götterbilder nur als Stellvertreter der Gottheiten und als ein Mittel betrachten, diese den Verehrern näher zu bringen.

Die erste hier gezählte Sekte verehrte *Çiva* in seiner Gestalt als *Mahâkâla* oder die zerstörende Zeit[1]). Seine Gestalt wird so beschrieben: Seine Haare waren sehr üppig und hingen tief herunter; er hatte vier Hände; in der ersten hielt er eine grofse Schlange mit aufgesperrtem Rachen, in der zweiten einen Stab, in der dritten ein Menschenhaupt oder eher einen Todtenkopf, mit der vierten Hand endlich stiefs er diese zurück; seine beiden Ohrgehänge waren Schlangen ähnlich und auf seinem Leibe be-fanden sich zwei grofse Schlangen, welche sich zusammenwickel-ten; seine Krone bestand aus Schädeln. *Mahâkâla* wurde trots seiner Bösartigkeit nicht nur wegen seiner Gröfse, seiner Macht, sondern auch wegen seiner Verleihung von Schutz und Bezwin-gung des Bösen verehrt. Sein berühmtester und von vielen from-men Männern besuchter Tempel befand sich in *Uggajinî* und wurde im Jahre 1231 von dem Kaiser *Altamisch* zerstört[2]).

Von den obigen von *Sharistâni* aufgeführten religiösen Sek-ten können nur zwei wirklich als solche gelten. Die *Barkashî-kîja*, in der zur Zeit des Ghazneviden *Mahmûd* von einem Ein-geborenen verfafsten Schrift richtiger *Vrixabhakti*, d. h. Verehrer

---

1) Hei WILLIAM CURETON a. a. O. p. 453 und bei TH. HAARBRÜCKER a. a. O. II, S. 363. Die andern Beschreibungen dieses Gottes von Arabischen Schriftstellern sind oben S. 24 den Lesern vorgelegt worden.

2) Sieh oben B. 24. Zu den obigen Angaben über die Statue *Mahâkâla's* sind folgende Bemerkungen zu machen. Schlangen fanden sich auch an andern Statuen dieses Gottes, jedoch so angebracht, dafs der Kopf einer Cobra di Capello auf der linken Schulter (*iva's* rubt, sieh CH. COLEMAN'S *The Mythology of the Hindus* etc. p. 61 fig. Die Bedeutung dieses Symbols ist vermuthlich die, dafs die Schlangen während des Sommers ihre Haut abwerfen und erneuern, wie in der Natur neue Bildungen aus Zerstörun-gen entstehen. Statt eines Stabes ist *Dreieck* zu lesen; das *triphla* ist ein bekanntes Symbol (*iva's*; die emporgehobene Hand ist nach andern Bildern als Zeichen der Drohung zu betrachten. Der Todtenkopf bezeich-net die zerstörende Zeit.

der Bäume geheifsen[1]). Sie verehrten Götzenbilder, die auf Bergen unter dem schönsten Baume aufgestellt wurden und werden einem Stamme der Urbewohner des Dokhan's angehört haben, bei denen sich eine ähnliche rohe Gottesverehrung findet.

Die *Dakkintja*, wofür *Daxintja* zu verbessern ist, bilden eine Abtheilung der *Çâkta* oder der Verehrer der Energien der zwei grofsen Volksgötter in der Gestalt von Frauen und zwar derjenigen, welche die zur *rechten Hand* von den Indern geheifsen werden[2]). Ihre Göttin trug eine Krone und hatte viele Hände. Ihre Verehrer begingen zur Zeit der Herbst-Tag- und Nachtgleichen ein Fest; es wurde dabei ein grofses Zelt errichtet und der Göttin Schafe und andere Thiere in der Weise geopfert, dafs sie nicht geschlachtet, sondern ihre Nacken mit Schwertern zerhauen wurden. Sie hielten ihr Fest sehr geheim und tödteten Menschen, welche sich ihnen dabei näherten; sie standen daher mit Recht in üblem Rufe bei den übrigen Indern und führen uns eine sehr verachtungswerthe Entartung dieser *Çâkta* vor die Augen[3]).

Es möge schliefslich bemerkt werden, dafs der Verfasser einer von den religiösen Ansichten der Inder handelnden und zur Zeit des Ghazneviden *Mahmûd* verfafsten Schrift bestätigt, dafs die Muselmänner durch ihre Grausamkeit und ihren Fanatismus den Hafs der Inder auf sich geladen hatten[4]). Wenn ein Inder ihnen in die Hände gefallen war, konnte er nicht eher mit seinen Glaubensgenossen verkehren, als bis er sich durch gewisse Gebräuche gereinigt hatte; es wurden unter anderm ihm die Haare abgeschnitten und sein Körper vom Haupte bis zu den Füfsen

1) Bei William Curzon s. a. O. p. 454 und bei Th. Haarbrücker a. a. O. II, S. 369. Sieh sonst Reinaud's *Mémoire* etc. *sur l'Inde* p. 296.

2) Sieh hierüber oben S. 634 flg.

3) Die *Qalakakîja*, wofür vielleicht *Qalabkakîja* zu lesen ist, welche im Wasser badeten, um sich dadurch zu reinigen und Heil zu verschaffen, dürfen nicht als eine besondere Sekte gelten, weil dieses eine allgemeine Sitte bei den frommen Indern seit alter Zeit war. Diese Bemerkung gilt gleichfalls von den *Akındtrîja*, welche im Freien opfern und auf die vorgeschriebene Weise den Opferplatz bereiteten, weil dieses Opfer ursprünglich allen Brahmanen vorgeschrieben war. Statt *Akındtrîja* wird nach Th. Haarbrücker's Vorschlage a. a. O. II, S. 371 und Reinaud a. a. O. p. 290 *Agnihotrîja* zu verbessern sein.

4) Reinaud a. a. O. p. 295.

mit einer Mischung von der Milch und dem Urin einer Kuh ab-
gewaschen.

Ehe ich in meiner Berichterstattung über die Mittheilungen
der Arabischen Schriftsteller von Indischen Dingen fortfahre,
halte ich es für passend, einen Rückblick auf den hisher benutzten Theil derselben zu werfen. Da ich schon bei einer frühern Gelegenheit den Werth ihrer geographischen Nachrichten
von den Indischen Ländern gewürdigt habe[1]), kann ich die Leser darauf verweisen und nur noch hinzufügen, dafs die schätz-
harsten Schriften dieser Gattung die des *Albirùni* und des *Rashid-
eddìn* sind, die bisher leider nur sehr unvollständig benutzt worden sind. Was die Arabischen Schriftsteller von der ältesten
Indischen Geschichte melden, ist ganz unbrauchbar[2]). Ihre Mittheilungen über die Sitten, Gebräuche, Religionen und philosophischen Systeme der Inder können auf eine gröfsere Beachtung
Anspruch machen, obzwar sie nur einzelne Punkte betreffen und
meistens nur sonst sehr hekannte Dinge darbieten. Viel beach-
tenswerther sind die Nachrichten der Araber von den *Wissenschaften der Inder*, wie die folgende Berichterstattung darlegen
wird; es wird sich mir dabei eine passende Gelegenheit darhie-
ten, um die Einflüsse nachzuweisen, welche die Bekanntschaft
der Araber mit den Wissenschaften der Inder auf die Entwickelung derselben bei jenen ausgeübt haben.

Die Inder besafsen keine Wissenschaft der *Geographie* im
strengen Sinne dieses Wortes, weil sie sich von jeher nicht um
die Länder der von ihnen verachteten *Mlekha* bekümmerten und
von den nicht-Indischen Ländern sich ein willkührliches kosmo-
graphisches System ausgedacht hatten, welches der Wirklichkeit
gar nicht entsprach. Sie besafsen aufserdem nur wenige geographische Schriften[3]). Von den geographischen Ansichten der
Inder liefert uns *Abulfedà* einen Bericht. Nach seiner Ansicht

1) Sieh oben S. 17 flg.

2) Sieh die Nachweisungen hierüber oben III, 8. 444 flg.

3) Der berühmte Astronom *Vardha Mihira* hatte ein geographisches Werk
verfafst, in dem die Geographie der Astronomie und den religiösen Ansichten der Brahmanen untergeordnet war, nach dem Zeugnisse *Albirùni's*
bei REINAUD in dessen *Mémoire* etc. *sur l'Inde* p. 337; weiter wurde dem
Prâmara-Könige *Munga* nach oben III, 8. 843 und S. 853 ein solches zugeschrieben, welches von seinem Neffen *Bhoga* berichtigt worden sein soll.

theilten sie die Erde in vier Theile, von denen jeder 90° um-
fafste. Unter dem Meridiane von Indien liegt die Insel *Lanká*,
von ihr 90° westlich *Romaka*, das Land der Römer und der Griechen; eben so weit östlich *Jamakota*, die Feste des Gottes der
Unterwelt *Jama*; im Lande der Antipoden liegt in gleicher
Entfernung von *Lanká* und *Jamakota Siddhapura*, die Stadt der
Vollendeten [1]). *Abú-l-fazl* erweitert diese Angabe dahin, dafs
in der Mitte des Salzoceans unter dem Aequator der Inder diese
in jeden der vier Quadranten eine Stadt verlegen, in der sich
eine von goldenen Ziegeln erbaute Burg findet; ihre Namen lau-
ten: 1) *Gankat*, d. h. *Jamakota*; 2) *Lanká*, von welcher Insel aus
die Inder die Länge berechnen; 3) *Siddhapura*; 4) *Romaka* [1]); jede
dieser Städte war 90° von der nächsten entfernt und die Städte
der Antipoden lagen 180° von einander entfernt. Der Berg *Su-
meru* ist 180° von jeder dieser vier Städte entfernt. Diese vier
Städte liegen unter dem Erdgleicher, den die Inder *Bikhvambrú*
heifsen. Dieser ist im Zenith der Bewohner dieser vier Städte;
die Tage und die Nächte haben beinahe dieselbe Länge und die
Sonne steht dann im 90.° und bewegt sich von *Lanká* nach *Romaka*, von da nach *Siddhapura*, von da nach *Jamakota* und von
da nach *Lanká* zurück, so dafs es Mitternacht in *Romaka* ist,
wenn es in *Siddhapura* Mittag ist. Nach *Albíruni* liegt *Jamakota*
im O., *Lanká* im S., *Romaka* im W. und *Siddhapura* im N.; wenn
die Sonne in dem von *Lanká* nach dem Berge *Meru* gezogenen
Meridiane steht, ist es Mittag in *Jamakota* und in *Romaka* und
Abend in *Siddhapura* [3]).

1) REINAUD's *Géographie d'Aboulféda* I, p. XCXIII. Die Ansicht des Verfassers, dafs *Siddhapura* Amerika sel, ist nicht stichhaltig, weil *Abulfedá*
1331, also vor der Entdeckung Amerika's, starb; sieh oben S. 16.

2) *Ayeen-Akberí* I, p. 13. Von *Lanká* wird bemerkt, dafs die Griechen diese
Insel *Lengderra* (d. h. *Lankádera*) nennen, ohne dafs der Grund dieser Be-
nennung bekannt sei. REINAUD vermuthet höchstens, dafs *Abú-l-fazl* und
Abulfedá Lankádeça mit *Kangdit der Perser* verwechselt haben; diesem
scheint jedoch nicht nöthig, weil die Vorstellung von dieser göttlichen
Burg keine Indische, sondern der Guebern ist.

3) Wie REINAUD a. a. O. p. CCXIV bemerkt. — Nach der vorherrschenden
Ansicht der Inder liegt die Stadt *Jama*'s im S. Diese Vorstellung kannte
muthmafslich schon *Megasthenes*, indem nach der Bemerkung oben III,
S. 160 Note 3 statt *Dramasa* zu lesen ist *Jamasdana*, d. h. Wohnung
Jama's; nach oben nannten die Inder so den Südpol.

Die erste Ansicht leidet an dem Fehler, daſs, wenn die obigen vier Städte alle am Aequator liegen, sie dieselbe Breite haben müſsten; es wird daher die zweite den Vorzug verdienen, wenn sie so verstanden wird, daſs die zwei Solstitien und die zwei Aequinoctialpunkte gemeint seien [1]). Die Bestimmung, daſs der erste Meridian von *Lanká* aus durch *Uggajiní*, die Festung *Kachtaka* und die Quellen der *Jamuná* nach dem Berge *Meru* zu ziehen sei, gehört dem ersten wissenschaftlichen Astronomen, dem *Árjabhaṭṭa*.

Die vorherrschende Ansicht der Inder ist die, daſs die Erde aus sieben durch Berge und Meere von einander getrennten *dvípa* oder Inseln bestehe. *Albirúni* theilt über diesen Gegenstand Folgendes mit [2]). Die bewohnte Erde hat eine runde Gestalt und ist von einem Meere umflossen. Sie ist in sieben *dvípa* getheilt, welche durch Ozeane in der Weise von einander geschieden sind, daſs jene, wie Halsbänder, sich umschlieſsen und jede Insel und jedes Meer einen gröſsern Umfang habe, je weiter sie vom Mittelpunkte entfernt sind. Die mittlere Insel heiſst *Gambúdvípa*; sie ist die vornehmste von allen und zu ihr gehört Indien.

Die früheste Beschreibung der sieben *dvípa* mit ihren Meeren und Gebirgen findet sich im *Mahábhárata* [3]). Diese weicht in mehreren Beziehungen von der vorhergehenden ab, so wie von der in den *Puráṇa* vorliegenden. Im O. des *Meru* liegt der Berg *Máljavat*, im N. *Uttara Kuru*, im W. *Ketumála* und im S. *Gambúdvípa*. Die sieben Berge heiſsen: *Himavat*, *Hemakúṭa*, *Nishadha*, *Níla*, *Çveta*, *Çringavat* und *Pippala* oder *Meru* im engern Sinne dieses Namens. Von *dvípa* werden hier genannt: *Sudarça* oder *Bhárataварsha*, *Haimavarsha*, *Nishadha*, *Krauṇka*, *Hiranjamaja* und *Airávata*, die durch die oben aufgezählten Gebirgsketten von einander getrennt werden; als nördlichste Insel wird das heilige Land der *Uttara Kuru* zu betrachten sein. Die sechs letztern *dvípa* gehören zu *Gambúdvípa* im weiten Sinne dieser Benennung. Die obige Beschreibung des Indischen kosmographischen Systems

---

1) Nach *Albirúni* bei HEINAUD *Géogr. d'Aboulféda* I, p. CCXVII. Der Arabische Schriftsteller tadelt mit Recht, daſs dieser Meridian keiner geraden Linie folge. Ueber die Lage *Kahlaka's* sieh oben III, S. 992.

2) Bei REINAUD in dessen *Mémoire* etc. p. 838.

3) VI, IV, 270 flg., I, p. 337 flg.

läßt sich daher mit der des Arabischen Schriftstellers nicht vereinbaren, weil diese sieben Indischen nicht einander einschließen
sondern sich von Süden nach Norden folgen [1]).

Das kosmographische System der *Purâna* läßt sich besser mit
dem von *Albîrûnî* mitgetheilten in Einklang bringen, indem in
ihm die sieben Meere hinzugekommen sind, obwohl einige Theile
desselben in beiden Beschreibungen von einander abweichen [2]).
Die sieben Inseln heißen: *Gambû, Plaxa, Çâlmalî, Kuça, Kraunka,
Çâka* und *Pushkara*, und die diese umströmenden Oceane: *Lavana,
das Salzmeer; *Ixu*, das Meer von Zuckersaft; *Sûrâ*, das Meer
von Rum oder Arrak; *Sârpisha*, das Meer von ausgelassener But-
ter; *Dadhî*, das Meer von Molken; *Dugdha*, das Milchmeer, und
Gala, das Meer von gewöhnlichem Wasser. *Gambûdvipa* bildet
die Mitte dieses Weltsystems und dessen Mittelpunkt der goldene
Berg *Meru*. *Gambûdvipa* wird durch sechs Bergketten getheilt;
im S. des *Meru* liegen *Himavat, Hemakuta* und *Nishadha*, im N.
Nîla, Çveta und *Çringin*. Durch diese Berge werden die *varsha*
getrennt; es sind *Bhârata* oder Indien im S. des *Himavat; Karpâ-
varsha* zwischen diesem und dem *Hemakuta*; zwischen ihm und
Nishadha Harivarsha; im N. des *Meru* liegt *Kanjaka* zwischen *Nîla*
und *Çveta*; zwischen ihm und *Çringin Hiranmaja* und *Uttara Kuru*
im N. des letzten Gebirges. Im Mittelpunkte des *Meru* findet
sich *Ilâvritavarsha*, welches vier niedere Bergketten besitzt: *Mandara* im O., *Gandhamddana* im S., *Vipula* im W. und *Supârçva*
im N. Es braucht kaum ausdrücklich daran erinnert zu werden,
daß dieses kosmographische System ein ganz willkührliches ist,
und daß die meisten in ihm vorkommenden Namen erdichtet
sind [3]). Die Grundlage dieses kosmographischen Systems ist die

---

1) Reinaud vermuthet a. a. O. p. 339 mit Unrecht, daß *Gambûdvipa* im wei-
testen Sinne dieses Namens Asien, Europa und Afrika mit einschließe.
Ich habe oben I, S. 831 bemerkt, daß *dvipa* aus *dajâpa* zusammengezo-
gen ist.
2) Ich folge hier ausschließlich dem *Vishnu-Purâna* p. 166 dg., da es hier
nicht auf einzelne Verschiedenheiten in den einzelnen *Purâna* ankommt,
die ohnehin unwesentlich sind.
3) Als wirkliche Namen können außer *Bhâratavarsha* und *Himavat* nur *Çâka*,
das Land der Turanischen Völker, *Mandara*, der Berg des fernsten Ostens
und des Sonnenaufgangs (sieh oben I, S. 649 nebst Note 2), *Gandhamâdana*
im N. des *Hemalaja* (sieh oben I, S. 842) und vielleicht *Nishadha* oder ein

schon in den Vedischen Liedern herrschende Vorstellung von
sieben Hauptströmen, unter welchen außer den fünf Strömen
Pankanada's am füglichsten *Sindhu* und *Sarasvati* verstanden werden [1]. Nach ihrer Auswanderung nach dem innern Indien über-
trugen die Inder diese Vorstellung auf Indien und das nördliche
Hochland sowohl als auf den Dekhan, wo sie in *Sapta-Godāvarī*
oder einem Zusammenfluß von sieben *Godāvari* sich mit einander
vereinigen sollen. Es liegt nahe zu vermuthen, daß die Ansicht
von sieben Meeren bei den Arabern Indischen Ursprungs sei, zu-
mal der erste Mittheiler derselben, der Arabische Kaufmann *Su-
laimān*, sich längere Zeit in Indien aufgehalten hatte [2]. Es wäre
sogar nicht unmöglich, daß die bei den *Mazdajasniern* sich fin-
dende Vorstellung von sieben *Karshavarê* oder sieben Theilen der
Erde Indischer Herkunft sei; dafür spricht erstens, daß bei den
Ost-Iranischen Völkern sich keine natürliche Veranlassung zu
dieser Eintheilung nachweisen läßt, und zweitens, daß unter
den von *Ahuramazdā* erschaffenen und von *Aṅgrimainju* verderb-
ten Ländern bekanntlich auch *Haptahṛndu*, das Sieben-Indien,
aufgezählt wird [3].

Von dem nützlichsten oder richtiger dem unentbehrlichsten
Hülfsmittel der Arithmetik, den *Zahlzeichen*, berichtet *Albīrūni* in
seiner Schrift von Indien Folgendes [4]. Die Inder nennen sie
anka und die Araber die *Indischen*; ihre Formen weichen in den
verschiedenen Theilen Indiens von einander ab; in *Kaçmira* be-
diente man sich der *Chinesischen*. Es fand jedoch die Ueberein-

Gebirge im Süden des *Paropamisos* (sieh oben I, S. 22 Note 1) gelten; der
Name *Paropamisos* läßt sich nämlich als *Paropa-nishadha*, d. h. „unter
dem *Nishadha* liegend“, fassen.

1) Sieh oben I, S. 734 und S. 848.
2) Sieh oben S. 918 und über diese sieben Meere S. 915 flg. und S. 929 flg.
3) Die Bedeutung dieses Jetzt zu *Êeshoer* entstellten Namens ist nach Burnouf *Etudes sur la langue et les textes Zends* p. 374 „ein von einer Farbe
umgebenes Gebiet“. Der Ausdruck *Hapid-karshaverim* findet sich in der
Jesht des Seraush und bildet den Anfang des Kapitels LXIII des *Jesna*.
Nach Rhode's *Mémoire* etc. sur l'Inde p. 339 entsprechen diese sieben
Theile der Erde: China, Indien, dem Lande der Neger, dem der Berber,
dem Römischen Reiche, dem Lande der Türken und Irân; diese Bestimmungen können auf keinen Fall die ursprünglichen sein.
4) Reinaud's *Mémoire* etc. sur l'Inde p. 298 flg.

stimmung statt, dafs der Werth dieser Zeichen durch ihre Stellen bestimmt wurde; die Null heifst bei den Indern *çúnja*. Der Arabische Schriftsteller meldet ferner, dafs die Indischen Mathematiker und Astronomen von 10,000 bis 3 Trillionen durch besondere Wörter bezeichnen [1]). Bei dieser Angabe wäre es vor Allem wichtig zu erfahren, auf welche Weise *Vardha Mihira*, der erste Indische Astronom, dem der Gebrauch der Zahlziffern beigelegt wird, sich dieser Zeichen bedient habe, und namentlich, ob er den Stellenwerth derselben gekannt habe, weil streng genommen aus dem Gebrauche der Null nicht gefolgert werden darf, dafs ihm der Stellenwerth schon bekannt sei [2]). Es ist jedenfalls gewifs, dafs die Zahlzeichen Indischor Herkunft sind, weil sie Verkürzungen der Anfangsbuchstaben der Zahlwörter sind [3]). Ebenso gewifs ist es, dafs die Araber sie den Indern entlehnt haben, obwohl es noch nicht ermittelt ist, wann dieses geschah [4]). Von den Arabern erhielten die Europäischen Nationen dieses unentbehrliche Werkzeug der Arithmetik; wann und auf welchem Wege dieses geschehen, mufs der Geschichte des Europäischen Wissens von Indien vorbehalten bleiben.

Was die Bekanntschaft der Araber mit der Indischen *Mathematik* anbelangt, so gelangte im Jahre 773 ein Indischer Mathematiker und Astronom an den Hof des Khalifen *Almançur* in *Baghdád* [5]). Zu den von ihm mitgebrachten Schriften gehörte

---

1) Ich habe oben II, S. 1141 N. 1 bemerkt, dafs diese Wörter ursprünglich andere Bedeutungen hatten und willkührlich diese arithmetische Bedeutung erhalten haben, und in der Note mehrere Beispiele gegeben. Ich habe ferner oben II, S. 1189 ßg. von der Zahlenbezeichnung *Árjabhaṭṭa*'s durch Buchstaben und der Bezeichnung der Zahlen durch Wörter für Dinge, welche in der Natur, wie das Auge, oder in der Vorstellung, wie die *Saptarshi*, sich in einer bestimmten Anzahl finden, gehandelt.

2) Diese Angabe theilt H. Bŭockhaŭs in seiner Abhandlung: *Bemerkungen zur Geschichte des Indischen Zahlsystems* in Z. f. d. K. d. M. IV, p. 180 ohne Angabe der Quelle mit. Da mir die Abhandlungen von C. M. Whish im ersten Bande der *Transactions of the Literary Society of Madras* nicht zur Hand ist, kann ich nicht sagen, ob sie sich daselbst findet.

3) Sieh meine Nachweisungen hierüber oben II, S. 1130 nebst Note 2.

4) Reinaud verweist a. a. O. p. 301 Note 3 auf Libri's *Histoire des sciences mathématiques en Italie* I, p. 202 und p. 287.

5) Nach dem Verfasser des *Tarikh-al Hokmä* bei Reinaud a. a. O. p. 317. Als Titel der obigen Schrift wird theils *Sind-Hind*, theils *Hind-Sind* ange-

auch der *Siddhânta* des Inders *Brahmagupta*, von welchem auf den Befehl jenes Fürsten der Gläubigen im Jahre 773 *Muhammed-ben Ibráhim al-Fazari* eine Arabische Bearbeitung verfaſste; diese Schrift bildet die Grundlage des mathematischen Werkes des *Muhammed-ben Mûsâ*, welches unter der Regierung des Khalifen *Almâmûn* niedergeschrieben worden ist [1]).

Hinsichts des Verhältnisses der Arabischen Mathematik einerseits zu der Indischen und andererseits zur Hellenischen ist Folgendes zu bemerken. Die Arabischen Mathematiker kannten *erstens* die unbestimmte Algebra; sie gründeten *zweitens* ihre Arbeiten auf die Schrift des Griechen *Diophantos*. Sie haben *drittens* der Algebra dieses Mathematikers Zusätze hinzugefügt, in denen sie theils neue Verfahrungsmethoden sich ausdachten, theils sich Aufgaben eines höhern Grades stellten; *viertens* war ihnen bis zum Ende des zehnten Jahrhunderts die Methode der unbestimmten Analysen unbekannt, welche wir bei den Indern finden [2]). Die

führt. Die erste Form ist eine Entstellung aus *siddhânta*, die zweite eine Umstellung der zwei Silben, welche Indien und Sindh bedeuten.

1) Es ist bekanntlich von Friedrich Rosen herausgegeben worden; sieh oben IV, S. 817 N. 2.

2) *Extrait du Fakhri*, *traité d'Algèbre par Aboû Bekr Mohammed ben Alhaçan al Karkhi* (*manuscrit 952 complètement Arabe de la Bibliothèque Impériale*), *précédé d'un Mémoire sur l'Algèbre indéterminée chez les Arabes*, Par E. Woepke, *Notes sur Alkarkhi* p. 3 und p. 43. Nehrere Beweise für die Einflüsse, welche die Indische Algebra und Geometrie auf die Ausbildung dieser Wissenschaften bei den Arabern ausgeübt haben, liefert denselben Verfassers *Recherches sur l'Histoire des sciences mathématiques chez les Orientaux d'après des traités inédits Arabes et Persans*. Das Wort *kardagja* oder *kardaga*, welches nach *Albîrûni* bei Reinaud u. s. O. p. 313 den Bogen eines Kreises bezeichnet, welcher den fünften Theil des Umkreises und den fünften Theil des Umfangs enthält, entspricht dem Sanskritworte *kramaga* und hat den Werth von 3° 45' oder 225'; *kramaga* bedeutet eigentlich den geraden Sinus. E. Woepke bemerkt darüber in seinem Aufsatze: *Sur le mot kardaga et sur la méthode indienne pour calculer les sinus* in *Nouvelles Annales de Mathématiques* XIII, daſs der Ausdruck ursprünglich nur einen der Sinus einer Tafel bezeichnet, der erst später auf einen Sinus neu' *Uozjv* oder einen Bogen übertragen worden ist, welcher dem Sinus gleich ist und welcher die Hauptgrundlage der Construction der Indischen Tafeln bildete, schlieſslich auf andere Bogen und Gröſsen überhaupt, welche die Hauptrolle in der Construction von Tafeln spielen. In den Handschriften wird *d* mit *m* verwechselt worden sein.

Arabischen Mathematiker wurden näher bekannt mit den Leistungen ihrer Indischen Fachgenossen seit der Zeit des Ghasneviden *Mahmúd.*

Derselbe Indische Mathematiker und Astronom, von welchem oben die Rede war, verstand es, nach Anleitung der von ihm mitgebrachten *Siddhânta* die Bewegungen der Gestirne zu berechnen; er bewirkte dieses durch Gleichungen, welche auf in Abschnitte von 4° getheilten Sinus berechnet wurden[1]). Er verstand auch die Sonnen- und Mondfinsternisse nach mehreren Methoden zu bestimmen und den Aufgang der Zodiakalbilder zu berechnen. Er hatte einen Auszug aus einer Schrift verfaßt, welche diese Gegenstände behandelte und einem Indischen Fürsten Namens *Figar* zugeschrieben ward; in ihm wurde der *Kardaga* oder richtiger *Karnaga* nach Minuten berechnet. Auf den Befehl des Khalifen übertrug *Muhammed-ben Ibrâhim al Fazari* diese Schrift aus dem Indischen ins Arabische, damit die Araber sich eine genaue Kenntniß der Astronomie verschaffen könnten. *Muhammed-ben Ibrâhim* ist der erste Araber, welcher die Astronomie ergründet hat, und seine Uebersetzung wurde später der *Grofse Siddhânta* betitelt. Er benutzte dabei vorzugsweise die Schrift des *Arjabhatta.*

Vor der Zeit *Albirúni's* kannten die Arabischen Astronomen nur drei *Siddhânta* oder astronomische Lehrbücher[2]). Der erste ist der *Siddhânta* des *Arjabhatta,* dessen Name bei den Arabern zu *Argabhar* entstellt ist; der zweite *Arkand* geheißene ist der des *Brahmagupta*; der Titel ist aus *aharyana,* d. h. Zahl der Tage der Welt, entstellt und bezeichnet bei den Indischen Astronomen seit der Zeit *Arjabhatta's* den Anfang des jetzigen *kalpa,* als die Welt eine neue Einrichtung erhielt, die Planeten mit ihren Apsiden

---

1) REINAUD's *Mémoire* etc. *sur l'Inde* p. 312 flg.

2) Diese Angabe findet sich in dem *Tarikh-el Hokamá,* dessen Verfasser über zwei Hundert Jahre vor *Albirúni* lebte, bei REINAUD a. a. O. p. 314 und 322 und in dem Werke *Mas'údi's* ebend. p. 334; sieh sonst COLEBROOKE a. a. O. in dessen *Misc. Essays* p. 425, p. 474 und p. 504. Die von ihm berücksichtigte Stelle aus *Abú Mashar* ist von GILDEMEISTER in *Scriptorum Arabum de rebus Indicis* etc. p. 100 flg. mitgetheilt und übersetzt worden. Sieh sonst meine Bemerkungen oben II. S. 1148, wo Note 2 daran erinnert worden ist, dafs COLEBROOKE mit Unrecht vorschlug, *Arkand* aus *arka,* Sonne, zu erklären.

und Knoten so gestellt waren, wie sie es jetzt sind, und alle
Conjunctionen im Zeichen des Widders sich befanden. Dieses
geschah zuerst auf der Insel *Lankâ* im Anfange des Frühlings,
und mit diesem Zeitmomente begann der *ahargana*. Der dritte
Titel *Sind-hind* ist, wie schon früher gezeigt worden, aus *Siddhânta* verdorben [1]); es ist nicht ganz klar, welche von den drei
so betitelten Schriften gemeint sei; es ist jedoch kaum zweifelhaft,
dafs der *Sûrja-Siddhânta* zu verstehen sei.

Von dem Indischen Astronomen *Kankah*, der diese drei astronomischen Schriften nach *Baghdâd* brachte, erfahren wir anfser-
dem, dafs er vor allen andern Fachgenossen sich durch seine
gründlichen Kenntnisse der Mathematik und der Astronomie aus-
zeichnete. Er kannte genau die Entfernungen der Gestirne und
war zugleich ein ausgezeichneter Arzt und Verfasser mehrerer
Schriften über Gegenstände der Heilkunst, wie sich später ergeben wird [2]). Was seinen Namen betrifft, so scheinen die meisten
Handschriften für *Kanka* zu entscheiden, was aus *kanaka*, Gold,
leicht entstellt sein kann. Dieses Wort kommt allerdings auch

---

1) Sieh oben S. 62 Note 5.
2) Die ihn betreffende Stelle von *Abu Maschar* ist von GILDEMEISTER a. a. O.
p. 103 flg. herausgegeben und übersetzt worden. Von der von diesem
Astronomen in der Schrift des *Ibn-Abu Useibiâ* handelnden Stelle besitzen wir zwei Uebersetzungen und eine Ausgabe des Textes. Zuerst in
den *Analecta Medica* von Fr. R. DIETZ, deren Titel ich unten vollständig
mittheilen werde, p. 117 flg. und p. 121 flg. Eine zweite Uebersetzung
dieser Stelle findet sich in dem Aufsatze: *Extract from the Work entitled
Fountains of Information respecting the classes of Physicians by Muwaffik-
eddin Abu-'labbâs Ahmad Ibn Abî Useibidh. By the Rev.* W. CURETON, *with
remarks by Professor* H. H. WILSON *im* J. of the R. As. S. VI, p. 105 flg.
Aus dieser Schrift hat auch REINAUD seine kurze Notiz von *Kankah* geschöpft in seinem *Mémoire* etc. *sur l'Inde* p. 313. DIETZ liest a. a. O. p. 121
nach dem Vorgange CASIRI's und COLEBROOKE's *Kaba*, indem angenommen
wurde, dafs die Araber *Kataka*, Algebra, und den Namen *Ârjabhatta's* mit
einander verwechselt hätten, und verweist auch auf P. VON BOHLEN's *Altes
Indien* II, S. 281. Die Bezeichnung der Algebra lautet aber *Kuttaka*, sieh
oben IV, S. 840 Note 3. WILSON denkt a. a. O. im J. of the R. As. S. VI,
p. 116 an *Ganga*, indem k und g in Arabischen Handschriften leicht mit
einander verwechselt werden können, giebt jedoch selbst zu, dafs *Ganga*
nicht leicht allein als Eigenname vorkomme und der Astronom *Gangâdhara*
viel später lebte. Seine Vermuthung, dafs der Grofse *Siddhânta* die *Brihat-
Sanhitâ* des *Varâha Mihira* sei, ist gewifs nicht zulässig.

als Eigenname vor, jedoch nicht als der eines Mathematikers,
Astronomen und Arztes[1]).

Von den Leistungen der spätern Arabischen Astronomen erfahren wir folgende Einzelnheiten[2]). *Jakûb-ben Thârik* hatte eine
Schrift verfasst, welche den Titel: *aus dem Sindhind geschöpfte
Tafeln* hatte und von der Sphäre handelte. Die Bearbeitung des
Siddhânta des Brahmagupta von *Muhammed al Fazâri* diente den
spätern Arabischen Astronomen als Grundlage, obgleich sie dadurch zum Theil zu Irrthümern verleitet wurden. Unter der Regierung des Khalifen *Almâmûn* hatte *Abû-Gafâr Muhammed-ben-Mûsâ
al Kharizmi* eine neue berichtigte Bearbeitung jener Uebertragung
zu Stande gebracht und ihr den Titel des *Kleinen Siddhânta* beigelegt. Er schloss sich in einigen Punkten an die Persischen
Astronomen und an *Ptolemaios* an[3]). Er hatte ausserdem eine
Algebra geschrieben, in der er die Ansichten der Indischen Mathematiker zu Rathe zog.

Später arbeitete *Habash-ben 'Abd-Allah* astronomische Tafeln
aus, denen er den griechischen Titel *Kanon* beilegte. Er folgte
in seinen Angaben theils den Ansichten der Indischen, theils denen der Persischen, theils endlich denen der Griechischen Astronomen; dem Alexandriner Theon entlehnte er die Ansicht von
der *Bewegung der Gestirne*, die zwar auch den Indischen Astronomen bekannt gewesen ist, jedoch nicht von *Habash* benutzt
worden zu sein scheint[4]). Diese Leistung erfreute sich einer
weiten Verbreitung unter den Arabischen Astronomen.

1) Sieh O. Böhtlingk's und R. Roth's *Sanskrit-Wörterbuch u. d. W.*

2) Reinaud a. a. O., p. 313. Diese Nachricht in dem *Tarikh-al Hakma* wird
von Albirûni dahin ergänzt, dass dieser Astronom in Baghdâd lebte und
777 sein Werk vollendete.

3) Das *Almagest des Ptolemaios* war nach Reinaud a. a. O. p. 317 unter dem
Hermakidru Jahja in's Arabische, jedoch sehr ungenügend, übertragen
worden: die zuverlässigste Uebersetzung dieses wichtigen Werkes fällt in
die Zeit des Almâmûn. Die Einführung der Indischen und Griechischen
Lehren begann unter der Herrschaft des Almançur.

4) Die Ausdrücke des Verfassers des *Tarikh-al Hakma* sprechen mehr dafür,
dass *Habash* sich in diesem Punkte an den Griechen *Theon* anschloss.
Andererseits bezeugt er von dem *Muhammed-ben Ismael-el Tsaukhi*, dass
er in Indien gewesen und dort mit der Lehre von der Bewegung der Gestirne vertraut geworden sei, und von *Muhammed-ben Hussein* mit dem
Beinamen *Ibn-al-Udmi*, dass er ein astronomisches Werk verfasst habe

Mas'udi hat von der Indischen Astronomie folgende Umstände gemeldet [1]). Unter der Herrschaft des grofsen *Brahmâ* gewann die Weisheit das Uebergewicht und die weisen Männer nahmen den höchsten Rang ein. Man stellte in den Tempeln Abbildungen der himmlischen Sphären, der zwölf Zeichen des Thierkreises und der übrigen Gestirne dar. Man erforschte genau die Regeln der Astrologie und ergründete den Einfufs der Gestirne auf die Schicksale der Menschen. Damals wurde auch der *Sindhind* verfafst, welcher Titel nicht, wie der Arabische Schriftsteller sagt, von *Zeit* zu *Zeit* bezeichnet, sondern ein Lehrbuch, in dem das Ziel desselben *vollendet*, d. h. *erwiesen* wird. Mit Hülfe dieses ersten Lehrbuchs wurden die spätern zu Stande gebracht. Der von *Mas'udi* herrührende *Siddhânta* ist uns schon bekannt[2]) Wichtiger ist die folgende Nachricht. *Brahmâ* wendete zuerst der *uk*, d. i. der Sonne, seine Aufmerksamkeit zu; die Sonne verweilt, nach seiner Angabe, drei Tausend Jahre in jedem Zeichen des Thierkreises, so dafs die Umlaufszeit der Sonne sechs und dreifsig Tausend Jahre dauert. Nach der Meinung der Brahma-

---

welches er unvollendet hinterliefs und das von seinem Schüler *Adam* dem *Muhammed al Mâdâin* im Jahre 920 unter dem Titel *Nadhm-al Ikd*, d. h. *Anordnung der Halsbänder*, an's Licht gestellt wurde und in dem er die Bewegung der Gestirne von dem *Siddhânta* entnommen hat. Der Verfasser des *Tarikh-el-Hakmd* bezeugt, dafs seine Landsleute Indien sehr wegen der dort allgemein verbreiteten astronomischen und philosophischen Kenntnisse schätzten und dieses Land die *Fundgrube der Weisheit*, *die Quelle der Gerechtigkeit und der rechten Staatsverwaltung* nannten. Er bezeugt ferner, dafs es den Arabischen Sternkundigen sehr schwierig war, sich eine gründliche Kenntnifs der Indischen Lehren zu verschaffen, und zwar wegen der weiten Entfernung Indiens von ihrem Lande und der Schwierigkeiten des Verkehrs. Es kam noch hinzu, dafs es den Arabern nicht leicht war, die technischen Ausdrücke der Inder genau in ihrer Sprache wiederzugeben.

1) BEINAUD a. a. O. p. 324 fg.
2) Sieh oben IV, S. 845. Die Inder schreiben dieses Lehrbuch dem *Dallfa* oder *Asura Maja* zu, *Albîruni* dagegen dem *Ldia*, wenn er wirklich so hiefs. Sieh meine Bemerkungen hierüber oben II, S. 1137. *Ldia* wird der wirkliche Verfasser oder Berichtiger sein. Die jetzt vorliegende Bearbeitung des *Sûrja Siddhânta* ist in die Zeit des *Brahmagupta* zu verlegen. Es braucht kaum ausdrücklich daran erinnert zu werden, dafs der Astronomie, dem Thierkreise und der Astrologie ein fabelhaftes Alter beigelegt wird.

nen fand sich die Sonne im Jahre 943 im Zeichen der Zwillinge.
Wenn die Sonne nach den im S. des Aequators gelegenen Zo-
diakalbildern gelangt sein wird, wird der bewohnte Theil der
Erde seine Stelle verändern und von Wasser bedeckt werden,
während der jetzt unbewohnte Theil der Erde sich aus dem Wasser erheben wird; was jetzt Nord ist, wird Süd, und was jetzt
Süd ist, wird Nord werden. *Brahma* soll in dem goldenen Hause
(d. h. in *Multân*) eine Darstellung des Himmels niedergelegt haben,
welche auf den Zeitpunkt pafst, den die Inder noch als denjeni-
gen betrachten, in welchem das erste Indische Reich am Anfange
der Dinge gestiftet ward [1]).

Zu diesen Angaben mache ich folgende Bemerkungen. *Ukka*,
eigentlich hoch, bezeichnet den höchsten Stand eines Planeten;
es ist der höchste Punkt der Ellipse, die ein Planet durchläuft;
die Griechen nennen diesen Punkt *apogaion* und den gegenüberstehenden Punkt *perigaion*. Dieser Punkt nimmt eine hervorra-
gende Bedeutung in der Astronomie ein und dient dazu, die
Finsternisse vorauszusagen und überhaupt die Stellungen der Planeten zu bestimmen. In den Lateinischen Uebersetzungen Arabischer astronomischer Schriften wird dieser Ausdruck durch *aux*,
im Genitiv *augis*, wiedergegeben. Da in dem obigen Berichte
nur von einer Bewegung der Sonne durch die Zodiakalbilder die
Rede ist, kann *ukka* hier nur das *apogaion* der Sonne bezeichnen,
jedoch nicht im gewöhnlichen Sinne des Wortes, sondern mufs
von der *Progression* der *Aequinoctialpunkte* verstanden werden,
welche den Indischen Astronomen bekannt war [2]). Den Griechen
war das Phänomen des *apogaion* unbekannt und von den Indern
lernten es die Perser, und zwar nach dem Zeugnisse des *Ibn-
Jûnis* schon im fünften Jahrhundert unter der Herrschaft der *Sâ-
sâniden*. Die Bestimmungen des Fortrückens der Aequinoctialpunkte

---

1) Nach REINAUD's Bemerkung a. a. O. p. 325 Note 1 bei GILDEMEISTER in
Scriptorum Arabum de rebus Indicis loci et opuscula p. 3 des Textes *Stier*
gegeben, wofür andere Handschriften *Zwillinge* darbieten, welche Lesart
auch in dem *Kitâb-altanbîh* desselben Schriftstellers bestätigt wird, weil
algozâ auch diese Bedeutung haben kann.

2) Dieses ist nachgewiesen worden von COLEBROOKE in seiner Abhandlung:
*Notions of the Hindu Astronomers concerning the Precession of the Equinoxes
and the Motions of the Planets* in *As. Res.* XII, p. 209 fg., und daraus ab-
gedruckt in dessen *Misc. Essays* I, p. 374 fg.

von den Persischen und den Arabischen Astronomen unter der
Regierung des Khalifen *Almançur* stimmen mit denen des *Ptolemaios* überein, der es zu 36″ in einem Jahre bestimmte, so dafs
die Sonne 300 Jahre brauchen würde, um einen Grad zu durch-
laufen; demgemäfs durchliefe die Sonne in 3600 Jahren alle
Zeichen des Zodiakos.

Was die Indischen Astronomen betrifft, so vermuthet der
älteste derselben, *Árjabhatta*, dafs diese Progression jährlich 36″
betrage, während sie ungefähr 56″ in der Wirklichkeit beträgt.
Auch die übrigen Indischen Astronomen nehmen in dieser Hinsicht eine zu kleine Zahl an. Die in der obigen Stelle des *Mas'üdi*
vorkommenden Zahlen sind willkührlich und der grofsen *mahdjuga*
genannten Periode von 4,320,000 Jahren entnommen; wird diese
Zahl mit 12 dividirt, so erhält man die Zahl des angeblichen
Umlaufs der Sonne durch die zwölf Zeichen des Thierkreises [1]).
Es ist allerdings richtig, dafs der Thierkreis im Laufe der Zeit
durch das Vorrücken eine andere Lage erhalten wird. Die Gestirne, welche jetzt am nördlichen Himmel erscheinen, werden
nach 12,800 Jahren am südlichen sich finden, indem das Vor-
wärtsrücken desselben nach 2130 Jahren ein Zeichen oder 30°
beträgt. Es erhellt hieraus, dafs die Inder diese Erscheinung,
die durch die Bewegung der Sterne verursacht wird, gekannt
haben, nur irren sie in der Annahme, dafs die Erde ihre Stelle
der Sonne gegenüber ändere, weil ihr Norden und ihr Süden
dieselbe Stelle einnehmen werden. Die Ansicht, dafs durch jene
Aenderung der bewohnte Theil der Erde von Wasser überschwommt
werden würde, gründet sich auf den Umstand, dals *Gambûdvipa*
im Süden vom Ozeano bespült wird.

Was *Mas'üdi* und *Albirûni* von den grofsen Perioden der Inder, dem *juga*, dem *mahdjuga* und dem *kalpa* melden [2]), enthält nur
aus Indischen Schriften bekannte Dinge und braucht deshalb hier

---

1) Ich kann daher der Vermuthung REINAUD's a. a. O. p. 327 nicht bei-
pflichten, dafs *ukfa* hier diese allgemeine Bedeutung habe und sich auf
jeden Planeten beziehe, wenn bei diesen das Wort den höchsten Punkt
ihrer Ellipse bezeichnen soll. Er hat dagegen Recht, wenn er in der obigen Anwendung der Lehre von der Progression der Aequinoctialpunkte
einen neuen Beweis dafür erkennt, dafs die Inder geneigt seien, alle Vor-
stellungen zu übertreiben.

2) Bei REINAUD a. a. O. p. 328 flg.

nicht berücksichtigt zu werden. Der zweite der Astronomie nicht
nur, sondern der Indischen Dinge überhaupt sehr kundige Arabische Schriftsteller hat uns zuerst einen genauern Bericht von
den fünf in Indien im Umlauf seienden *Siddhânta* oder astronomischen Lehrbüchern mitgetheilt[1]). Der *Vâsishtha-Siddhânta* hatte
zum Verfasser den *Vishnukandra*, der *Brâhma-Siddhânta* den *Brahmagupta*, den Sohn *Gishnu's*, der *Pauliça-Siddhânta* den Griechen
Paulos, aus einer Stadt, deren Name fehlt, der aber wahrscheinlich ein Alexandriner war; der *Romaka-Siddhânta* den *Crishena*
oder *Çriçena*; der Verfasser oder richtiger Ueberarbeiter des
Sûrja-Siddhânta, welchen die Inder dem *Asura* oder *Daitja Maja*
zuschreiben, ist *Lâta*, wenn er wirklich so hiefs. Diese Schriften werden als Nachahmungen einer ältern angesehen, deren Urheber *Brahmâ* oder *Pitâmaha* gewesen sein soll, dem von den
Indern der Ursprung der Astronomie zugeschrieben wird; dieses
Lehrbuch heifst daher *Paitâmaha-Siddhânta*. *Varâha Mihira* hatte
in seinem *Panka-Siddhânta* diese fünf ältern Schriften zu Rathe
gezogen, jedoch ihren Inhalt nicht ganz in die seinige aufgenommen. Der Hellenische Astronom *Paulos* lebte gegen den Schlufs
des vierten Jahrhunderts nach Chr. G. und die Indische Bearbeitung seines Werkes mufs in das fünfte gesetzt werden. Eine
ähnliche Bewandtnifs hat es mit dem Werke *Crishena's* oder
Çriçena's, weil *Romaka*, d. h. *Rûm*, bei den Muslimischen Schriftstellern die Griechen bezeichnet. *Arjabhatta* hat endlich eine
Bearbeitung und beziehungsweise eine Berichtigung des *Brâhma-
Siddhânta* geschrieben, welche auf den Befehl des Khalifen *Almançur* von *Muhammed-ben Ibrâhîm* in's Arabische übertragen und
der *grofse Sindhind* betitelt wurde.

Von der Eintheilung der *Zeit* bei den Indern erfahren wir
folgende Einzelnheiten von *Albîrûni*[2]). Das am meisten gebrauchte
Jahr ist das lunarische, indem im Laufe von zwei bis drei Jahren ein Monat eingeschaltet wird; der Anfang des Jahres ist in
den verschiedenen Theilen Indiens verschieden; in dem Schaltjahre wird der Schaltmonat an das Ende des Jahres verlegt; er
heifst *milandsa*, eigentlich *Wurzelmonat*; er wird von den Indern

---

1) Reinaud a. a. O. p. 331 flg. nebst den Erläuterungen oben II, S. 1130 flg.
2) Bei Reinaud a. a. O. p. 352 flg.

als unheilschwangor betrachtet [1]). Dio Inder theilon bekanntlich die Monate in zwei Hälften ein, welche von dem Arabischen Schriftsteller *ardhamdsa*, d. h. Halbmond, von den Einheimischen hingegen *paxn* genannt werden. Die Inder kannten drei verschiedene Bestimmungen des Tages [2]): erstens den *Sâvanamdna* oder nur *Sâvana* geheifsonen Tag, d. h. der solarische Tag oder die zwischen zwei auf einander folgenden Sonnenaufgängen verlaufene Zeit; er ist daher von verschiedener Länge und wird in 60 *dhâta*, von diesen joder in 60 *vinâdika* und von diesen jeder in 60 *ripala* getheilt; er enthält $^1/_{365}$ Theil des Solarjahres + oder − einiger Minuten. Zweitens der *Saura-* oder *Sauramâna*-Tag, d. h. die Zeit, in welcher die Sonne einen Grad der Ekliptik durchläuft, und daher länger odor kürzer im Vorhältnifs zum *apogaion* oder *perigaion* des Tagesgestirns. Er wird eingetheilt in 60 *danda* oder *kala*, von diesen jede in 60 *vikala*; er enthält 360 Theile des Solarjahres. Drittens der *Kandramâna*- oder *Naxatra*-Tag, der auch *tithi* heifst. Er ist die Zeit zwischen zwei Aufgängen desselben Punktes der Ekliptik. Dieser Tag ist natürlich von derselben Dauer und wird daher in allen astronomischen Berechnungen gebraucht. Es ist der siderische Tag und wird eingetheilt in 60 *ghârî*, diese wiederum in 60 *pala* [3]). Diese verschiedenen Eintheilungen des Tages haben die nachtheilige Folge gehabt, dafs in don drei den Arabern zuerst mehr oder weniger genau bekannt gewordenen *Siddhânta*, dem *Arjabhattija*, dem *Arkand*, d. h. dem des *Brahmagupta*, und dem κατ' ἐξοχήν *Siddhânta* betitelten Lehrbuche die Anfänge der Periodon unsicher

---

1) In *Lahor* oder richtiger *Lohara* (sieb oben III, S. 1064) beginnt das Jahr im November-December, und der Gebrauch dieses Jahresanfangs war 1 Jahr . Jahre alt. Diese Bestimmung des Anfangs des Jahres war aus *Lampâka* oder *Langhân* dort eingeführt worden. Diese Einrichtung galt ebenfalls in *Sindhu* und in *Kanjdkubga*; die Bewohner *Multân's* hatten kurz vor der Anwesenheit des *Albîrûnî* in Indien dieser Einrichtung entsagt und nach dem Beispiele der *Kasmirer* den Anfang nach dem Eintreten des Mondes in das Mondhaus *Kaitra*, d. h. nach März-April, verlegt.

2) *Albîrûnî* bei RAINAUD a. a. O. p. 353 fig. und JAMES PRINSEP's *Useful Tables* II, p. 19.

3) Die Eintheilungen der Zeit nach dem Berichte des *Hiuen Thsang* und dem *Mânavadhermaçâtra* sind oben S.5 dem Leser vorgelegt worden. Im täglichen Leben wird der Tag in 30 *muhûrta* oder Stunden und diese in eben so viele *kala* oder Minuten eingetheilt.

wurden. Diese Bemerkung gilt besonders von den *Khaṇḍa-Kaṭaka*
überschriebenen astronomischen Tafeln des *Brahmagupta*, in denen er die Bestimmungen seines Vorgängers *Árjabhaṭṭa* berichtigt
hatte; diese Tafeln trugen das Datum 587 nach der *Çāka*-Epoche,'
d. h. 665 [1]).

Es erhellt aus den vorhergehenden Mittheilungen, dafs die
Arabischen Astronomen seit der Zeit des Khalifen *Almançur*, d. h.
seit etwa 772, sich allmählig eine ziemlich genaue Bekanntschaft
mit der Indischen Astronomie verschafft hatten. Dieser Fall trat
gleichfalls ein in Bezug auf die Griechische Astronomie. Die
Arabischen Astronomen haben beide diese Hülfsmittel benutzt,
um ihre Wissenschaft weiter zu fördern. Da es aufserhalb des
Bereichs dieser kurzen Uebersicht liegt, diese Einflüsse der Indischen und der Hellenischen Astronomie auf die Entwickelung
der Arabischen genauer zu verfolgen, kann ich mich damit begnügen, einige Bemerkungen hierüber meinen Lesern vorzulegen.
Die Araber nahmen erstens die Eintheilung der Mond-Ekliptik
in acht und zwanzig *naxatra* oder Mondhäuser von den Indern
an [2]). Die Araber nennen diese Mondhäuser *manzil*, auch vollständiger *manzil-ul-kamar*, d. h. „Wohnungen des Mondes".

Es ergiebt sich zweitens aus den Verschiedenheiten des Arabischen Thierkreises von denen des Griechischen, welche mit den
ursprünglich Indischen übereinstimmen und trotz des Griechischen
Einflusses sich bei den Arabern erhalten haben [3]). Die Araber
haben doppelte Namen für die folgenden Zeichen: entweder *Bogen* oder *Bogenschütze*; entweder *Krug* oder *Wasserspender*; entweder einen *Fisch* oder *zwei Fische*. Da die ersten Namen beweisen,
dafs die Araber früher mit dem Indischen, als mit dem Griechischen Zodiakos bekannt geworden sind, läfst sich dieser Einfluf
der Indischen Astronomie nicht in Abrede stellen. Es kommt
drittens hinzu, dafs der jedes Jahr veröffentlichte Arabische Ka-

---

1) Reinaud a. a. O. p. 354.
2) Dieses ist dargethan worden in Colebrooke's Abhandlung: *On the Indian
and Arabian Divisions of the Zodiac* in *At. Res.* IV, p. 323 fg., später in
dessen *Misc. Essays* II, p. 321 fg. Die älteste Aufzählung der Indischen
naxatra ist die in dem *Taittirija-brâhmaṇa*, sieh oben II, S. 1117 fg.
3) A. W. Schlegel's *De Zodiaci antiquitate et origine* in dessen *Opuscula Latina*
p. 361. Ueber die Verschiedenheiten des Indischen Zodiakos von dem
Griechischen sieh oben II, S. 1127.

lender den Titel *Kitâb-alanwa*, d. h. Buch der *anwa* oder sechs Haupterscheinungen der physischen Natur führt. Diese Benennung ist daher zu erklären, dafs die Arabischen Astrologen die sechs Phänomene mit den Indischen Mondhäusern in Verbindung setzten und den letztern eine ziemlich gleiche Entfernung von einander anwiesen [1]. Sie nahmen aufserdem andere Veränderungen mit diesen Mondhäusern vor, die hier mit Stillschweigen übergangen werden mögen. Dagegen verdient es bemerkt zu werden, dafs in dem Kalender von *Cordova*, welcher im Jahre 961 auf den Befehl des Christlichen Bischofs *Härib-ben Zaid*, eines Günstlings des Khalifen *Hâkim* mit dem Beinamen *Almustanser-billah*, verfafst worden ist und sowohl für die Muslim als für die Christen bestimmt war, diese Mondhäuser angegeben sind [2]. Dieses ist die weiteste bisher ermittelte Verbreitung der Indischen Mondhäuser in westlicher Richtung.

Auch auf dem Gebiete der *Medizin* giebt sich der Einflufs des Indischen Geistes kund. Einige wifsbegierige Araber suchten bei den Griechen darüber Belehrung, andere bei den Porsern, andere hingegen bei den Indern [3]. Zu den letztern gehörte *Härit ben Kaldah* aus der zwei Tagereisen im O. von *Mekka* gelegenen Stadt *Thajef*; er hatte seine Studien in der berühmten Schule von *Gondî-Sapûr* in der Zeit des *Muhammed* gemacht und begab sich nebst einigen andern Arabern nach Indien, um sich dort weiter auszubilden. Nach seiner Heimkehr liefs sich *Härit* in der Stadt *Sanaa* im südlichen Arabien nieder, wo eine Schule der Medizin blühte. Hier studierte auch sein Sohn *Nadr*, der auf den Betrieb des Arabischen Propheten getödtet wurde, weil er Indische und Persische Erzählungen in Umlauf setzte, welche dem *Muhammed* als ungläubige erschienen. Unter der Regierung des berühmten Khalifen *Harûn-Ar-Rashid* beschäftigte sich ein in seinen Diensten stehender Indischer Arzt Namens *Mankah* besonders damit, Indische medizinische Schriften in die Persische Sprache zu übertragen; auf den Befehl des einer hohen Gunst von Seiten

---

1) *Anâ* und im Plural *anâa* bezeichnet die Zeit der Winde, des Regens, der Kälte, der Hitze, der reichen und der schlechten Aernte.
2) Reinaud a. a. O. p. 359. Dieser Kalender ist mitgetheilt worden in Libri's *Histoire des sciences mathématiques en Italie*.
3) Reinaud a. a. O. p. 314. Diese Nachricht kommt vor in dem Wörterbuche des *Ibn-Abî-Useibah*.

jenes Khalifen sich erfreuenden *Barmakiden Jahja* übersetzte jener
Inder das älteste Indische System der Medizin, das des *Suçruta* [1]).

[1) Dieses Werk ist bekanntlich in Kalkutta 1836 gedruckt worden; den Titel
theilt GILDEMEISTER mit in *Biblioth. Sanskrit.* etc. p. 149. Hinsichts des
Alters des *Suçruta* weichen die Ansichten sehr von einander ab. WILSON
soll in seiner mir nicht zugänglichen Abhandlung: *On the Medical and Sur-
gical Sciences of the Hindus* in *The Oriental Magazine and Calcutta Review* I,
p. 207 dieser Schrift des *Suçruta* ein sehr hohes Alter zuertheilen, obwohl
er sich nicht ganz bestimmt darüber ausspricht. Diese Angabe theilt wenigstens HENR. BRILC in seinem *Coup d'œil sur la Médecine des Anciens Indiens* p. 13 mit; auch Dr. NAUMANN in seiner Schrift: *Ist die Rückatis
Abdominis in Asche eine Radicalkur oder nicht?* und wie erlangt man sie?
Eine historisch-didaktische Erörterung mit einer *Abbildung* hat S. 13 diese
Bestimmung und zwar, dafs der *Ájurveda* 1000 Jahre vor Chr. Geb. zu
setzen sei. Dieses dürfte jedoch nach der Anführung der in Rede stehenden Stelle von STENZLER nicht richtig sein und eher 1000 nach Chr. G.
zu verstehen sein. WILSON hat aufserdem in *The Vishnu Purâna* p. 407
und p. 442 angenommen, dafs es eine alte Schule der Medizin in *Vâ-
rânasi* gegeben habe, weil ein König von *Kâçî* als eine Verkörperung des
Dhanwantari, des Gottes der Medizin, dargestellt wird. Dieses mag allerdings an dem sein; aus diesem Umstande läfst sich jedoch kein Schlufs
über die Zeit der Abfassung der in Rede stehenden Schrift ziehen. Eben
so wenig folgt dieses aus den Nachrichten der klassischen Schriftsteller,
welche nach oben II, S. 51 nur die Thatsache feststellen, dafs schon zur
Zeit des *Theophrastus* die Heilkunst bei den Indern blühte. F. HESSLER
in seiner Uebersetzung des *Suçruta*, welche diesen Titel hat: *Suçrutas
Ajurvedas. Id est Medicinae Systema a venerabili Dhanvantare demonstratum
a Suçruta discipulo compositum*, folgt in der Vorrede p. I dieser Bestimmung, so wie auch J. A. VULLERS in: *Alt-Indische Geburtshülfe im Ja-
nus, Zeitschrift für Geschichte und Litteratur der Medizin*, 1846, I, p. 775.
Hiermit im grellen Widerspruche verlegt §. F. STENZLER in seinem Aufsatze: *Zur Geschichte der Indischen Medizin*, ebend. p. 441 die Schrift des
Suçruta in das Mittelalter. NEUMANN endlich glaubt a. a. O. S. 11, dafs
der *Ájurveda* 3000 Jahre vor Chr. G. und 1000 Jahre vor der Abfassung
des *Mânavadharmaçâstra* zurückzuschieben sei, weil jenes Werk vor der
Entstehung des *Vishnuismus* und des *Çivaismus* entstanden sei, von welchen
im *Ájurveda* keine Spur sich entdecken lasse. Bei der Würdigung dieser
verschiedenen Bestimmungen ist nicht zu übersehen, dafs der Text des
veröffentlichten *Ájurveda* in zwei Theile zu zerlegen ist, d. h. in die ältere
Grundlage des Werkes und in die Ausführungen und Erläuterungen des
Madhusûdana. Der erste Theil zeichnet sich durch seinen einfachen Stil
und seine ungeschmückte klare Sprache aus und schliefst sich in dieser
Beziehung an die epischen Gedichte an. Wenn das Werk des *Suçruta*
auch nicht, wie ich früher II, S. 513 annahm, vor die Zeit *Vikramâditja's*]

Ein dritter Indischer Arzt, dem der Name *Mankbah* beigelegt wird, war in der Gegend am Meerbusen von *Kambai* zu Hanae und so weit berühmt, dafs der von einer gefährlichen Krankheit befallene Khalif ihn auffordern liefs, zu ihm zu reisen. Der Indische Arzt leistete dieser Aufforderung Folge und reiste nach *Balkh*, wo er gegenwärtig war, als Joner mit Recht hoch gefeierte Fürst der Gläubigen seinen Geist aushauchte. Von den sonstigen Mittheilungen Indischer medizinischer Schriften von den Arabern meldet *Albtrâni* folgende Einzelnheiten [1]. Es bestrebten sich die Arabischen Gelehrten in der zweiten Hälfte des achten Jahrhunderts eifrig, sich eine genaue Kenntnifs der wissenschaftlichen Leistungen der Inder zu verschaffen. Von allen medizinischen Büchern schätzten die Inder am meisten das des *Karaka*, der ein *Agnireça* genannter *Rishi* war und wegen seiner aufsergewöhnlichen Kenntnisse den Namen *Karaka* erhalten haben soll. Er sammelte die Lehren anderer *Rishi*, die sämmtlich als *Sútra* des *Smitri*, des Sonnengottes, betrachtet wurden. Dieser hatte sich die Kenntnifs der Heilkunst vom Gotte *Indra* verschafft, dieser sie von den Aerzten der Götter, den *Açvin*, und dieso endlich von *Pragâpati* oder *Brahmâ*, dem Schöpfer und Stammvater der Menschen, erhalten [2]. Die berühmteste seiner Schriften hatte den Titel: *Karaka - sanhitâ.*

---

an setzen ist, trage ich kein Bedenken, seine Abfassung in das erste Jahrhundert nach Chr. G. zurückzuverlegen. Es ist dabei nicht aus den Augen zu lassen, dafs die Indische Medizin schon um (600) vor Chr. G. so berühmt geworden war, dafs Araber sich dadurch veranlafst sahen, nach Indien zu reisen, um dort die Heilkunst zu studieren, und dafs das Werk des *Suçruta* zur Zeit des *Harûn - Arraschid* in's Arabische übersetzt worden ist.

1) Bei RHINAUD a. a. O. p. 316 ffg. Nach dem Arabischen Schriftsteller würde *karaka* vorständig bedeuten; es hat aber die Bedeutung zuerst ein *Herummaudeinder*, dann ein *Späher* und *Auskundschafter*, und ist endlich auf einen Lehrer des schwarzen *Jagurveda* und den berühmten Arzt übertragen worden. Die Belege für diese Bedeutungen geben O. BOHTLINGK n. R. ROTH in ihrem *Sanskrit-Wörterbuch* n. d. W. — Bei *Albirûni* ist der Name der *Açvin* zu *Ashufl* entstellt und statt *Agniveça* findet sich *Ahwiveça*; das Arabische Alphabet entbehrt bekanntlich des *g*. *Agniveça* ist Name eines Mannes und das davon abgeleitete *Agniveçja* auch Name eines Lehrers nach denselben Sanskritlisten unter den betreffenden Wörtern.

2) Diese Vorstellung der Mittheilung des *Âjurveda* weicht von der von *Suçruta*

Von diesem berühmten Indischen Arzte findet sich in dem *Brâhma-Purâna* folgende Legende [1]. Einst kam die göttliche Schlange *Çesha*, die früher im Besitze der *Âjurveda* war, auf die Erde, um sich des Treibens der Menschen anzunehmen. Als er Leben und Tod erblickte, wurde er von Mitleid ergriffen und sann auf Mittel, die Krankheiten zu verbannen. Er wurde der Sohn eines *Muni* und erhielt, weil er ein *Kundschafter (Kara)* war, den Namen *Karaka*. Aus verschiedenen Werken des *Agniveça* und anderer Schüler des *Âtreja* verfaßte er ein neues, welches nach ihm benannt wurde [2].

Die Angaben von diesem berühmten Heilkünstler lassen sich mit Hülfe anderer Arabischer Schriftsteller zum Theil vervollständigen. *Muvaffik-eddin Abû-l Abbâs Ahmed Ibn Abû Uçaibah*, welcher 1209 starb und ein *Quellen der Belehrung hinsichts der Klassen der Aerzte* betiteltes Werk hinterlassen hat, liefert von mehreren berühmten Indischen Astronomen und Aerzten Nachrichten [3]. *Karaka* hat außer der nach seinem Namen betitelten *Sanhitâ* auch mehrere andere Schriften medizinischen Inhalts verfaßt, von denen einige in Europäischen Bibliotheken aufbewahrt sind [4].

——— ——— -

erhaltenen (sieh oben II, S. 512 Note 3) darin ab, daß nach dem letzteren *Brahmâ* ihn zuerst dem *Pragâpati* verkündete, welcher ihn den *Açvin* mittheilte; von diesen lernte ihn *Indra*, von diesem *Dhanvantari*.

1) In dem *Çabdakalpadruma* u. d. W.

2) Es erhellt hieraus, daß *Agniveça* und *Karaka* zwei verschiedene Personen sind. Auch die Griechen nehmen eine Beziehung der Schlangen auf die Heilkunst an, weil sie dem *Asklepios* einen von Schlangen umwundenen Stab beilegen, wohl wegen der Langlebigkeit dieser Thiere.

3) Mittheilungen aus diesem Buche finden sich in folgender Schrift: *Analecta Medica ex libris Mss. Primum edidit* Fridericus Reinholdus Dietz etc. *Fasciculus Primus, in quo insunt Elenchus materiae medicae Ibn Baitharis Materiaria secundum codices Mss. Arabicos Escurialenses, Matritenses, Parisienses, Hamburgenses. Pars Prima. Catalogus undecim Mss. de re medica Sanscritorum Londinensium.* Lipsiae MDCCCXXIII. Die Araber entstellen den Namen *Karaka's* zu *Shârâk*. Andere Auszüge aus dieser Schrift sind enthalten in dem Aufsatze: *Extract from the Work entitled Fountains of Information, respecting the classes of Physicians by Muvaffik-eddin Abû-'labbâs Ahmed Ibn Abû Usaibiah. By the Rev.* W. Cureton, *with Remarks by Professor* H. H. Wilson *im* J. of the R. As. S. *VI, p. 105 flg.

4) Z. B. seine *Karaka-sanhitâ* und sein *Kikitsâkhjâna* in der Bibliothek der Ostindischen Kompagnie nach Fr. R. Dietz a. a. O. p. 120 u. p. 128.

Ein zweiter berühmter Indischer Arzt ist der uns schon bekannte *K'ankah* oder eher *K'anaka*, welcher unter der Herrschaft
des Khalifen *Almançur* nach *Baghdâd* kam. Er hatte aufser mehreren astronomischen, astrologischen und philosophischen Schriften auch ein Werk über die Heilkunst an's Licht gestellt [1]). Ein
dritter von den Arabern erwähnter Indischer Arzt hiefs *K'ânakja*,
wie der berühmte erste Minister des *Maurja*-Königs *K'andra-Gupta*;
sein Name ist in den Arabischen Schriften zu *Shânâk* verdorben [2]).
Er hatte in einer aus fünf Büchern bestehenden Schrift von den
Giften gehandelt; diese Schrift wurde von seinem Landsmanne
Mankah in Persischer Sprache überarbeitet und *Alabbâs - ben
Sâid al Gauhari* übertrug sie in's Arabische für den Khalifen *Almâmûn*. Eine andere Schrift dieses Arztes behandelte die Thier-
arzenei. Ein vierter nicht weniger hervorragender Indischer Heilkünstler wird von den Arabern *Çanqakal* geheifsen [3]). Nach andern Schriftstellern ist dieser Name ein Gesammtname und bezeichnet neun Männer, welche gemeinschaftlich gearbeitet haben
und deren Arbeiten später zusammengestellt worden sind. Von
diesen Schriften sind viele in die Arabische Sprache übertragen
worden. Einer der ältern Arabischen Aerzte, *R'âzi*, führt Stellen
aus mehreren dieser Uebertragungen in verschiedenen seiner Schrif-

---

1) W. Cureton a. a. O. im *J. of the R. As. S.* VI, p. 100.

2) Bei Fn. R. Dietz a. a. O. p. 123 und bei W. Cureton a. a. O. im *J. of
the R. As. S.* VI, p. 100.

3) Bei Dietz a. a. O. p. 122 und bei W. Cureton a. a. O. im *J. of the R.
As. S.* VI, p. 107. Der Name lautet bei dem ersten *Sankakal*, welcher
ziemlich auf dasselbe herauskommt; wie dieser Name beranstellen sei,
entgeht mir. Diese Bemerkung gilt auch im Allgemeinen von den neun
andern Namen: *Bûkhar, Ddher, Gabhar, Râfah, Ankar, Andi, Sakak, Zan-
gal* und *Ûêri*. Aus der Vorrede zu einer mir unzugänglichen Persischen
Schrift über die *Materia medica*, deren Titel lautet: *Prolegomena in Codi-
cem Vindobonensem sive medici Abu Mansur Muhaffak Ali Heratensis librum
fundamentorum pharmacologiae, linguae et scripturae Persicae specimen anti-
quissimum nuper editum. Scripsit F. R. Seligmann, Viennae* 1859, von
welcher J. Mohl in seinem *Rapport sur les travaux de la Société Asiatique
pendant l'année* 1860 im *Journ. As.* V. *Série*, XVIII, p. 90 flg. gehandelt
hat, ergiebt sich, dafs viele der Anhänger der Griechischen und der Indischen Medizin am Hofe der Khalifen mit einander rivalisirten; der Verfasser der obigen Schrift, *Abu Mansur*, entschied sich für die letztern.
Er war 795 in Herat geboren und nachher Arzt des *Sassaniden Mansur*.

ten an. Diese sind aufser dem Buche des *Suçruta* das Werk des Inders *Sairuk*, welches von *'Abd–Allah ben 'Ali* aus der Persischen Sprache übersetzt worden ist; in diese war es schon früher übertragen worden [1]. Das älteste medizinische System der Inder, das des *Suçruta*, wurde auf den Befehl des *Barmakiden Jahja ben Khaled* überarbeitet. Zu diesen Werken gehören ferner das *Nidâna* betitelte, welches von den Symptomen der Krankheiten handelt, das *Siddhastâna* von der Therapie und andere, deren Titel hier mit Stillschweigen übergangen werden mögen.

Es sind nur noch zwei Indische Aerzte, welche es verdienen, bei dieser Veranlassung kurz erwähnt zu werden. Der erste ist *Mankah*, dessen Ruhm sich so weit verbreitet hatte, dafs der Khalif *Harûn-ar-Rashid* ihn zu sich berief, damit er ihm in seiner letzten gefährlichen Krankheit beistehen solle. Der *Çâlih* oder *Çallah-ben-Ballah* war vermöge seines Namens ein in Indien oder eher in *Sindh* geborener Araber, der sich die medizinischen Kenntnisse der Inder zu eigen gemacht und dadurch einen weiten Ruf erworben hatte [2]. Er kam nach *Irâk* während der Regierung des *Harûn-ar-Rashid* und wurde von diesem sehr geachtet, weil er aufserordentliche Beweise seiner Tüchtigkeit gegeben hatte.

Aus den vorhergehenden Mittheilungen aus Arabischen Schriften geht zur Genüge hervor, dafs die Inder eine sehr reichhal-

---

1) Dieses medizinische Werk wird auch namhaft gemacht in folgendem Aufsatze: *Frage über die ältern Uebersetzungen indischer und persischer medicinischer Werke in's Arabische. Ein Beitrag aus dem Fihrist-al-ulum mit der Bitte an alle Orientalisten, zu weiterer Aufklärung mehrerer fraglichen Punkte in derselben behülflich zu sein. Von Prof.* G. FLÜGEL *in der Z. d. D. M. G.* IX , S. 148 flg. nebst einem Anhange S. 325 flg. Es sind im Ganzen achtzehn Werke, deren Titel zum Theil verdorben sein müssen. Nach A. SPRENGER ebend. II, S. 327 ist *Siddha-sthâna* kein Titel eines medizinischen Werkes, dagegen findet sich ein dem *Dhanwantari* zugeschriebenes, *Siddhijoga* betiteltes, welches wahrscheinlich gemeint ist; es scheint ein vollständiges System der Nosologie und Therapie zu sein. — Der berühmte Arabische Heilkünstler *Fakhr eddin-al-Râzî* wurde geboren zu *Kar* 1149 nach F. WÜSTENFELD's *Verzeichnifs der Arabischen Aerzte und Naturforscher* S. 111.

2) Bei Fr. R. DIETZ a. a. O. S. 124 und bei W. CURETON a. a. O. im *J. of the R. As. S.* VI, p. 114. Nach WILSON's Vorschlage ebend. p. 119 lautete sein Name im Sanskrit *Mânikja* oder *Mânikka*.

tige Literatur über alle Zweige der Heilkunst besitzen und grofse
Fortschritte in derselben gemacht hatten [1]. Es drängt sich uns
hier die Frage auf, ob die Bekanntschaft der Arabischen Aerzte
mit den Leistungen ihrer Indischen Fachgenossen die erstern
veranlafst habe, sich in einigen Fällen die Ansichten und das
Verfahren der Indischen Medizinor zuzueignen, oder mit andern
Worten, ob sich ein Einflufs der Indischen Medizin auf die Entwickelung der Arabischen nachweisen lasse. Bei der Beantwor-
tung dieser Frage ist einerseits zu erwägen, dafs die Arabischen
Aerzte seit dem Jahre 773, in welchem der Indische Arzt und
Astronom *Kanka* oder vielleicht richtiger *Kanaka* nach dem Hofe
des Khalifen in *Baghdad* gelangte, allmählig ziemlich viele medizinische Indische Schriften kennen lernten, und dafs *Kazi* mehrere solche nicht nur namhaft macht, sondern auch von den den
Indischen Aerzten vorgeschriebenen Heilmitteln spricht. Andererseits ist es dagegen eine Thatsache, dafs die Arabischen Aerzte
ihre Wissenschaft in der Regel den Griechen zu verdanken haben
und besonders sich an die Lehren des hervorragendsten Hellenischen Arztes, des *Galenos*, anschliefsen. Aus dieser Quelle
schöpften sie auch ihre Kenntnisse von den Pflanzen und den
Heilmitteln. Diese zwei Bemerkungen gelten auch von dem am
meisten hervorragenden aller Arabischen Aerzte, dem *Abu-'Ali
al Husain Ben 'Abd-Allah Ben-al Husain Ben 'Ali al-Shaikh-ar-
kais Ben Sina*, welchen die Uebersetzer seiner Schriften in's Lateinische *Avicenna* nennen. Er wurde 980 in einem Flecken in
der Nähe *Kharmatia's* geboren und erwarb sich sehr gründliche
Kenntnisse in der Kochtswissenschaft, der Arithmetik und Philosophie, vor allem aber in der Medizin [2]. Er erwarb sich durch

1) Dieses ergiebt sich auch aus dem von Fr. R. Dietz a. a. O. p. 100 flg.
mitgetheilten Verzeichnisse von Sanskrit-Handschriften medizinischen Inhalts. Aus der p. 158 angeführten *Atrejasanhitd* ersieht man, dafs es
aufser der Schule des *Karaka* wenigstens noch eine des *Atreja* gab. Ich bemerke bei dieser Gelegenheit, dafs die Namen der von *Serruta* p. 1 und aus
ihm oben II, S. 512 Note 5 namhaft gemachten, dem *Serruta* gleichzeiti-
gen Aerzte von Fr. Hassler in seiner Uebersetzung verkannt und als
Appellative gefafst worden sind.

2) Fr. Wüstenfeld's *Verzeichnifs der Arabischen Aerzte und Naturforscher*
S. 65 flg. und Kurt Sprengel's *Versuch einer pragmatischen Geschichte der
Arzneikunde* II, S. 362 flg. und besonders S. 418. Ein Verzeichnifs seiner
andern Schriften und ihrer Ausgaben liefert Wüstenfeld a. a. O. S. 77 flg.

seine Praxis und seine zahlreichen Schriften einen weit verbreiteten Ruf. Er starb im Jahre 1037 und wurde feierlich unter Palmen auf der Seite der *Kubda* von *Hamdan* begraben. Die Arabischen Aerzte besitzen eine Menge von Griechischen Werken, die in die Syrische und aus dieser in die Persische und Arabische Sprache übertragen worden waren [1]). Bei der Ausübung der praktischen Medizin leistete den Arabischen Aerzten ihre Nüchternheit, ihre Beobachtungsgabe und ihre Liebe zur Wahrheit grofsen Vorschub, dagegen verleitete ihre Neigung zum Wunderbaren sie dazu, dafs sie die Miene von Charlatanen nicht selten annahmen und ihre Mittel als aufserordentliche Heilmittel den Nichtärzten anpriesen; auch verschmähten sie nicht, bei ihren Heilungen auch die Astrologie und Horoskopie zu Hülfe zu nehmen. Einige von ihnen haben es sich zu Schulden kommen lassen, in demselben Grade die Beobachtung zu vernachlässigen, als sie sich theoretischen Spitzfindigkeiten und Grübeleien hingaben.

Da die Araber von den *philosophischen Schulen* eine sehr dürftige Kenntnifs sich verschafft hatten, dürfen wir von vorn herein annehmen, dafs die Indische Philosophie auf die Entwickelung derselben bei den Arabern gar keinen Einflufs ausgeübt habe. Diese Annahme wird durch die Thatsache bewahrheitet, dafs die Arabischen Philosophen bei der Bildung mehrerer Systeme Griechische Schriften zu Rathe zogen, welche zuerst in die Syrische und dann aus dieser in die Arabische Sprache übersetzt worden waren. Als höchste Auctorität galt ihnen *Aristoteles* [2]).

Es möge schliefslich bemerkt werden, dafs die Leistungen der Araber auf dem Gebiete der Wissenschaften nicht sehr hoch

1) *Geschichte der Botanik. Skizzen von* ERNST F. MAYER III, S. 110 flg.
2) Sieh die Nachweisungen hierüber von AUGUST SCHMÖLDERS in seinem *Essai sur les Ecoles Philosophiques chez les Arabes et surtout sur la Doctrine d'Algazzali* p. 420 und p. 130 flg. Der Verfasser verwirft mit Recht p. 114 die Vermuthung, dafs die Lehren der *Sunniten* den orthodoxen Schulen der Inder ihren Ursprung zu verdanken hätten. Eher läfst sich an eine Annahme der Lehren der Indischen *Kârvâka* oder *Lokâjata* von Seiten der *Sunniten* denken, weil diese die Gedanken und Empfindungen als Gährungen in einem organischen Körper betrachten und die Seele nicht vom Körper verschieden halten; sieh oben III, S. 691. Dafs es unter dieser Sekte berühmte Astronomen gegeben habe, läfst sich nicht beweisen, und die Araber schöpften ihre astronomischen Kenntnisse zum Theil aus den Indischen *Siddhânta*.

anzuschlagen sind. Sie erscheinen als Schöpfer einer neuen Wissenschaft nur in der *Chemie*; in der Medizin, der Mathematik und der Astronomie waren sie Schüler theils der Inder, theils der Hellenen; in der Philosophie nur die Schüler der letztern. Es darf ihnen nicht das Verdienst abgesprochen werden, die drei ersten Wissenschaften gefördert zu haben; in der Philosophie erreichten sie nie die hohe Stufe, wie die Inder und die Griechen, haben jedoch der Scholastik des Mittelalters tüchtig vorgearbeitet. Um die Geographie und die Kenntniß früher unbekannter Länder haben sich die Arabischen Reisenden und Geographen sehr bedeutende Verdienste erworben.

Diese Darlegung und Beurtheilung des Arabischen Wissens von Indien könnte ich jetzt schließen, wenn ich es nicht für passend hielte, die Nachrichten der Arabischen Reisenden und Geographen von den *sieben Meeren* einer neuen Prüfung zu unterwerfen und einige frühere Bestimmungen darüber zu berichtigen.

EDUARD DULAURIER hat in einer von mir übersehenen Abhandlung dargethan, daß diese Nachrichten Bruchstücke sind, welche von unwissenden Händen zusammengestellt sind, und daß an mehrern Stellen nicht die Reise von *Indien nach China*, sondern die von *China nach Indien* beschrieben wird [1]). Um die Ansichten der Arabischen Geographen von der Gestalt des die südliche Küste Asiens bespülenden Oceans zu verstehen, ist es nöthig, daran zu erinnern, daß sie in abergläubischer Verehrung der Lehren des größten Geographen des klassischen Alterthums sich die Indisch-Chinesische See als ein Binnenmeer dachten, indem die *Mozambique*-Küste der südwestlichsten Küste Asiens gegenüber liege; sie nahmen daher zwei Straßen von *Gades* an, eine westliche des *Herakles* und eine östliche des *Alexander*, höchst wahrscheinlich des sagenhaften Alexander [2]). Hiermit in

---

1) Diese Abhandlung ist überschrieben: *Études sur l'ouvrage intitulé: Relation de Voyages faits par les Arabes et les Persans dans l'Inde et à la Chine dans le IX. siècle de l'ère chrétienne. Texte arabe de feu* M. LANGLÈS, *traduction nouvelle, introduction et notes de* M. REINAUD, *Membre de l'Institut*, im *Journ. As.* IV. Série, VIII, p. 181 flg. Ich benutze außerdem den Aufsatz eines mir unbekannten Verfassers im *Ausland* 1862 Nr. 8, der überschrieben ist: CHRISTIAN LASSEN. *Ueber die Geschichte des Indischen Handels im Mittelalter.* Sieh sonst oben IV, S. 915 flg.

2) Ueber die Vorstellung von einem südlichen Festlande, dessen Urheber *Hipparchus* oder vielleicht sogar *Aristoteles* gewesen ist, sieh oben III, S. 729 flg.

Uebereinstimmung schrieben sie auch der Insel *Sumatra* eine über-
triebene, von Osten nach Westen gerichtete Länge zu; *Idrisi* z. B.
die von 700 *farsang* oder 420 geogr. M. Diese irrige Vorstellung konnte sie auch verleiten, die westliche Spitze dieser Insel
in die Nähe der Südspitze Ceylon's zu verlegen.

Nach diesen Darlegungen ist das *Harkand* geheißene Meer
der Theil des Indischen Oceans, welcher die Malediven, Lakkediven, die Küste Ceylon's, die Koromandel-Küste etwa bis zur
Mündung der *Krishnâ*, die *Nikobaren* und die Westküste *Sumatra's*
bespült. Das *Kidrang* oder *Kirang* oder endlich auch *Kardrang*
genannte Meer, welches in Verbindung mit *Bathumah* erwähnt
wird, muß der äußere Theil des Bengalischen Golfs sein, weil
der letzte Name durch *Beit-Timah*, Haus des *Thomas*, zu erklären und deshalb nach *Meliapur* zu verlegen ist[1]). Es reicht vermuthlich südwärts bis zum Kap *Negrais*, der Südwestspitze *Pegu's*,
und wird die *Andaman*-Inseln und *Likhjalus* oder *Lunkhjâlus* oder
die *Nikobar*-Inseln eingeschlossen haben. Die meisten Schwierigkeiten verursacht die Bestimmung des vierten Meeres, welches
Shaldhat oder *Shelâhat* und nach seinem wichtigsten Hafen das
von *Kâla* oder *Kâlabahr* benannt wird. Es war von Inseln bedeckt; *Râmî* oder *Râmnâ*, d. h. Sumatra, liegt an diesem Meere
und dem Meere *Harkand*; jene Angaben passen am besten auf
die See an der Westküste Sumatra's, wo viele kleine Inseln sich
finden. Die Arabischen Seefahrer steuerten von den Nikobaren
nach dieser Insel hinüber und segelten längs der Küste bis zu
dem Gebiet der menschenfressenden *Batta*, wo sie eine der besten
Sorten des Kamphers einhandelten. Nach einem dortigen
Reiche ist eine Sorte die *Fanfurische* geheißen worden[2]). Der
einzige Platz, woher jetzt der beste und allein ächte Kampher

---

1) Es ist daher der Vorschlag von E. QUATREMÈRE (oben IV, S. 947 Note 1),
Nanomah zu lesen und diesen Namen auf die im O. der Halbinsel *Mâlaka*
gelegene Gruppe der *Nanino*-Inseln zu beziehen, ganz verwerflich. *Meliapur* liegt 13° n. Br. und 99° östl. L. von Ferro, die südliche *Krishnâ*-
Mündung 13° 59' nördl. Br. und 95° 59' östl. L. von Ferro, woraus erhellt, daß das Meer *Harkand* noch so weit nördlich reicht.

2) Dieser Name findet sich bei MARCO POLO. Sieh die Uebersetzung seiner
Reisen von WILLIAM MARSDEN p. 614. Nach des Uebersetzers Ansicht entspricht die Lage dieses Reichs, nicht aber der Name desselben, *Kampar*,
welches nach *Akin* der nordöstlichste Staat Sumatra's ist.

verschifft wird, ist die Insel *Barus* oder *Baros*, welche 1°
59′ 35″ nördl. Br. und 98° 23′ 30″ östl. L. von *Greenwich* und
innerhalb des Gebiets der *Batta* liegt ¹). Es leidet daher hier
keinen Zweifel, dafs die Arabischen Seefahrer nicht die schwie-
rige Fahrt durch die Strafse von *Mâlaka* wählten, sondern bis zur
Südspitze Sumatra's segelten und nachher durch die *Sunda*-Strafse
die Sunda-See erreichten. Durch diese Wahl wurden sie durch
den Monsun begünstigt und JOAO DE BARROS setzt die Vorzüge
dieser Reise vor der durch die Strafse von Mâlaka klar ausein-
ander. Die Lage der Stadt *Kdla* bestimmen zu wollen, ist zu ge-
wagt, weil die Angabe, dafs sie halbwegs zwischen Arabien und
China liege, zu unbestimmt ist; sie lag jedenfalls nicht, wo jetzt
das viel später gegründete *Kedda* liegt, nämlich auf der westlichen Küste Sumatra's. Die Schwierigkeit wird dadurch noch
vermehrt, dafs *Kuala* ein gewöhnlicher Name für an Flufsmün-
dungen gelegene Malaju-Städte ist ²). Die andere Benennung
dieses Meeres wird am richtigsten aus dem Malajischen *selat* oder
salat, welches Wort *Seestaat* oder *Meeresstrafse* bezeichnet, zu deu-
ten sein; die Arabischen Seefahrer durchschifften auf dieser Fahrt
wohl die Strafse zwischen dem Festlande Sumatra's und den dieser
Insel im W. vorliegenden Eilanden.

Nach den vorbergehenden Berichtigungen mufs das sechste
Sirâf oder richtiger *Çanf* geheifsene Meer die Sunda-See und der
Theil der Chinesischen See zwischen der Südspitze *Mâlaka's* und
der Insel *Hainan* sein. Nach der Ueberwindung der grofsen
Schwierigkeiten der Durchfahrt zwischen diesem Eilande und
dem Festlande, welche deshalb die *Pforten China's* hiefsen, gelang-
ten die Arabischen Seefahrer in das siebente *Çanqi* geheifsene Meer.

---

1) JOHN CRAWFURD *A Descript. Dict. of the Indian Islands and Adjacent Coun-
tries* p. 40 und JOAO DE BARROS *Dec.* II, IV, 2. IV, p. 28 flg.

2) J. J. NEWBALD's *Political and Statistical description of the British Settlements of
the Straits of Malacca* p. 180, wo *Quala* lange erwähnt wird. Nach der obigen Auseinandersetzung betrachte ich das Meer *Harkand* als den Thei
des Bengalischen Meerbusens, welcher zwischen *Ceylon*, *Meliapur*, den südlichen *Nikobaren* und der Nordspitze *Sumatra's* liegt. Die Vermuthung des
anonymen Verfassers des Artikels im *Ausland* 1862 S. 184, dafs das Meer
Shalahât nördlich von einer Linie von der Koromandel-Küste bis zum
Diamond's Point in Sumatra zu suchen sei, hat gegen sich, dafs es nicht
zwischen den Meeren *Harkand* und *Kidrenj*, sondern nach dem letzten liegen mufs.

Da ich einmal damit beschäftigt bin, Nachträge zur Geschichte des Indischen Handels im Mittelalter zu liefern, will ich nicht unterlassen zu bemerken, daß die Franziskaner-Mönche *Wilhelm von Rubruck*, *Jean du Plan Carpin* und *Benedictus Polonius* die Thatsache bestätigen, daß auch während der weiten Herrschaft des Mongolischen Kaisers *Gingiskhân* und seiner Nachfolger ein Handelsverkehr zwischen mehreren Provinzen ihres Reichs mit Indien bestand [1]). Der erste dieser von dem Römischen Hofe abge-sandten frommen Männer besuchte den Kaiser *Mangu K'hân*, der 1248 als Ober-Khân des ganzen Reichs anerkannt wurde; der zweite den *K'hublai K'hân*, der von 1259 bis 1296 mit kräftiger Hand das Zepter seiner Vorfahren handhabte; der dritte gehört zu dem Zweige dieses Ordens, welcher die *Fratres minores* oder die *Mindern Brüder* geheißen werden; er war Begleiter des zweiten und schloß sich ihm in Polen auf einer nach Rom im Jahre 1245 unternommenen Reise an; er gelangte mit diesem an den Hof des Stifters der Mongolen-Herrschaft, nach *Karakorum*. Da die nach dem Reiche der Mongolen aus Indien gebrachten Handelsgüter bekannt sind, wäre es hier am ungeeignetsten Orte, diese genauer zu bezeichnen; nur möge bemerkt werden, daß am häufigsten Edelsteine, Gewürze und Elfenbein erwähnt werden.

---

1) Die Berichte dieser Reisenden sind am besten herausgegeben in *Recueil de Voyages et Mémoires de la Société de Géographie* IV, p. 109 fg., p. 399 fg. und p. 714 fg.

Druckfehler und Nachträge.

Seite 3, Zeile 14 tilge etc.

S. 8, Z. 16 von unten statt der Brihatpala lies des *Brihatpati* und Z. 15 v. u. st. der l. des.

S. 28, Z. 20 st. *Kôtan* l. *Rôtan*.

S. 32, Z. 9 v. u. st. *kakúa* u. s. w. l. *cacíra* (*cacírou*, *wirpus kysoor*.)

. S. 55, Z. 24 nach *Barkashikíja* füge hinzu: welche.

S. 56, Z. 1 nach gebeissen füge hinzu: wird.

S. 60, Z. 2 st. Indischen l. Inseln.

S. 62, Z. 16 nach geschah füge hinzu: Ueber die Dekanntschaft der Araber mit den Indischen Zahlzeichen theilt *M. F. Woebcke* in seiner Abhandlung „*Sur l'introduction de l'Arithmétique indienne en occident et sur deux documents importants publiés par le prince Don Balthasar Boucompagni et relatifs à ce point de l'histoire des sciences,*" p. 51 flg. mehrere genauere Angaben mit. Aus mehreren von *Tortoloni* angeführten Stellen ergibt sich, dass um 950 die Indischen Zahlzeichen im Orient, besonders in *Shíráz* sehr bekannt waren. Aus der Selbstbiographie des *Abú Sínd* oder *Avicenna* erhellt, dass am Schluss des zehnten Jahrhunderts man sich in *Máwerânnahr*, vorzüglich in *Balkh* und *Bukhára* mit der Indischen Arithmetik beschäftigte und dass Verkäufer wohl nicht von Kohl allein, sondern auch von andern Waaren mit den Indischen Zahlzeichen sehr vertraut waren. Das Arabische Wort *bakklá* bedeutet nicht, wie *Reinaud* in seinem „*Mémoire etc. sur l'Inde*, p. 302 sagt, Verkäufer von Oel, sondern von Kohl und überhaupt von Handelsartikeln. *Pococke* gibt es in seiner Uebersetzung des *Avicenna* durch „*olitor*" wieder. Auffallender Weise finden wir, dass die Zahlzeichen trotz ihrer grossen Brauchbarkeit bei Rechnungen keinen allgemeinen Eingang gefunden haben. Dieses springt aus folgenden Angaben in die Augen. In der Schrift des *Aboúl Wafá*

Aboùzgdni, der 998 starb, welche von den, den Steuerbeamten und Kaufleuten nöthigen Kenntnissen handelt, finden sich ganze Seiten voll Zahlen, die nicht mit Ziffern, sondern mit Buchstaben geschrieben sind. Im *Qitâb al hâwi*, d. h. Buch der Sammlungen, welches von Massen, Gewichten, Preisen der Waaren u. s. w. handelt und von 1333 datirt ist, tritt derselbe Fall ein. Die letzte hier in Betracht kommende Schrift ist die des *Muhammed Sibth Almdridini*, welche wahrscheinlich in der zweiten Hälfte des 15. Jahrhunderts verfasst ist. Der Verfasser bemerkt, dass man sich in den Astronomischen Tafeln der Buchstaben und nicht der Zahlzeichen bediene, weil jene eine grössere Kürze darbieten, als diese.

S. 63, Z. 6 nach ist füge hinzu: Nach der von *Reinaud* am angeführten Orte, p. 303 zuerst vorgetragenen und von *Woebcke* am angeführten Orte durch mehrere Gründe bestätigten Vermuthung ist die Benennung *Algorismus* oder *Alkharismus*, mit welcher die Uebersetzer Arabischer mathematischer Schriften ins Lateinische im Mittelalter die neue Methode der Zahlenbezeichnung und der Rechnung bezeichnen, aus dem Beinamen dieses Mathematikers zu erklären, welchen er nach seinem Vaterlande *Kharizm* erhalten hat.

S. 64, Z. 14 st. *Karnaga* l. *kramagja*.

S. 71, Z. 11 nach Minuten füge hinzu: Sekunden und kleinerer Zeittheile.

S. 72, Z. 24 nach haben füge hinzu: dass die Araber früher den Indischen Thierkreis gekannt haben als den Griechischen.

S. 74, Z. 4 v. u. st. *Madhusùdana* l. *Madhusùdanagupta*.

S. 75, Z. 25 st. vor l. nach.

S. 81, Z. 2 nach Chemie; füge hinzu: auch sind ihre Dogmatik, ihre Jurisprudenz und ihre Sprachwissenschaft eigenthümliche Schöpfungen ihres Geistes.